TEDDYBÄREN ab 1904

Preisführer - 2010/2011

Christel und Rolf Pistorius

TEDDYBÄREN

ab 1904

Christel Pistorius

Rolf Pistorius

Verlag Puppen & Spielzeug

PREISFÜHRER - 2010/2011

Titelfoto

Steiff Teddy: dunkelbrauner Mohair, Pfoten/Sohlen aus Filz, schwarze Glasaugen, 5-fach gegliedert, mit Holzwolle gestopft, Brummstimme, Art.-Nr.: 5350,2, Größe: 70 cm, 1912 – 16

Bibliografische Information der Deutschen Bibliothek
Die Deutsche Bibliothek verzeichnet diese Publikation in der Deutschen Nationalbibliografie; detaillierte bibliografische Daten sind im Internet über http://dnb.ddb.de abrufbar.

Fotos: Rolf Pistorius
Layout: Dagmar Berlin, Horst Hackstein, Christian Siepmann

Verlag Fachtechnik + Mercator-Verlag
Verlag Puppen & Spielzeug, Duisburg
www.wohlfarth.de
Druck: D + L Printpartner GmbH, Bocholt
ISBN 978-3-87463-464-3

Inhalt

Einleitung

Welche Teddybären finden Sie in diesem Buch?

Sie wollten schon immer wissen, was Ihr alter Teddybär wert ist? Sie wollten schon immer dessen Alter und Herstellungsmerkmale in Erfahrung bringen? Dann haben Sie zum richtigen Buch gegriffen. In diesem Teddybären-Preisführer finden Sie ausschließlich alte Teddybären verschiedenster Manufakturen, schwerpunktmäßig aus dem deutschen Sprachraum. Zu den alten Teddybären gehören Exemplare, die vor 1970 entstanden sind. Anders als bei früheren Preisführern zeigen und beschreiben wir somit in diesem Buch schwerpunktmäßig Teddybären aus der Zeit zwischen 1904 und 1970. Außerdem haben wir großen Wert auf die Recherchen bezüglich des Alters, des Wertes und der detaillierten Beschreibungen gelegt. Die Bilder der gezeigten Teddys haben wir auf das Sorgfältigste aus unserem eigenen Bildarchiv ausgewählt, damit der Betrachter möglichst viele Details über das jeweilige Teddymodell erhält. Bei häufig auf dem Sammlermarkt zu findenden Teddytypen und dort, wo es erforderlich war, haben wir auch verwandte Teddymodelle derselben Serie in anderer Farbe oder Größe beschrieben und preislich bewertet.
Sie werden in diesem Buch keine Neuware, keine Repliken, keine Künstlerteddys und keine Bärianas finden. Diese verschiedenen Sammelgebiete haben alle ihre eigene Sammlergemeinde und damit verbunden ihren eigenen Markt. Wir möchten diese unterschiedlichen Sammelgebiete nicht vermischen, das würde das Buch verwässern.

Was hat sich im Vergleich zum letzten Preisführer geändert?

Wir haben ausschließlich antike Teddys abgebildet und beschrieben. Verglichen mit dem letzten Preisführer enthält dieses Buch 12 % mehr antike Hersteller, 16 % mehr Bilder antiker Teddybären und 50 % mehr Preise von antiken Teddybären. Selbstverständlich wurden die Preise aktualisiert und den neuen Gegebenheiten des Sammlermarktes angepasst.

Wir über uns

Um gängige Marktpreise zu kennen, genügt es nicht, nur zu Hause zu sitzen und Auktionskataloge und deren Ergebnisse auszuwerten. Hierzu gehört auch eine aktive Marktteilnahme auf den letzten noch verbliebenen großen Spezialmärkten. Wir sammeln seit über 25 Jahren intensiv Teddybären und beobachten seitdem den Sammlermarkt und dessen Preisentwicklung sehr sorgfältig. Außerdem erforschen wir die Details und Herstellungsmerkmale der Teddybären verschiedenster Manufakturen sehr gewissenhaft und schreiben regelmäßig ausführliche Fachartikel für das Magazin „TEDDYBÄR und seine Freunde", das im Verlagshaus Wohlfarth, Duisburg, viermal im Jahr erscheint. Wir haben in der Zwischenzeit sechs Fachbücher in vier unterschiedlichen Sprachen über das Sammelgebiet geschrieben und machen häufig öffentliche Einschätzungen über Herkunft, Alter und Wert alter Teddybären. Sehr oft haben uns Sammler und Kunden angesprochen, ob wir nicht einen Preisführer machen möchten. Auch wir hatten ein solches Buch schon lange geplant, und nun ist es fertig.

Zuordnung

Zwischen 1905 und 1970 gab es in Deutschland nur wenige große Teddymanufakturen. Sie hatten eigene Logos und an ihren Bären Markenzeichen angebracht. Sie verteilten Produktkataloge und Preislisten an ihre Kunden und schalteten in Fachzeitschriften Werbeanzeigen. Auch wenn die Markenzeichen von Teddys dieser großen Hersteller verloren gegangen sind, so lassen sich ihre Bären doch meist anhand der Katalogabbildungen von der Form, den typischen Produktionsmerkmalen und der Verarbeitung zuordnen. Für einen Anfangssammler allerdings ist dies nicht immer einfach. Da heißt es beobachten, verschiedene Teddymodelle vergleichen, Fachlektüre lesen und mit anderen Sammlern Erfahrungen austauschen.
Erst im Lauf einer Sammlerkarriere entwickelt sich das Gefühl für alte Plüsche und für die Eigenheiten der verschiedenen Hersteller. Natürlich gab es außer den großen Manufakturen Hunderte von kleinen und kleinsten Teddyherstellern in Deutschland. Diese hatten vielfach keine Kataloge, oft kein eigenes Logo und/oder keine Markenzeichen an den Bären angebracht. Daher können solche Teddys heute auch nicht mehr einem bestimmten Hersteller zugeordnet werden. Der erfahrene Sammler jedoch kann erkennen, ob

es ein Teddy aus deutscher oder ausländischer Produktion ist. Auch lässt sich ein deutscher Teddy in vielen Fällen durch seine Form und Produktionsmerkmale einer bestimmten Region, z. B. Raum Nürnberg/Fürth, Sonneberg/Thüringen oder Neustadt/Coburg, zuordnen. Die von uns gesammelte Erfahrung und die Bilddokumente geben wir Ihnen mit diesem Buch weiter, damit Sie es leichter haben als wir. Denn als unsere Sammelleidenschaft 1985 begann, gab es leider nur wenig fundierte Literatur über alte Teddybären.

Veränderung der Rahmenbedingungen

Die Zeiten, in denen die Sammlerwerte alter Teddybären jedes Jahr um 5 bis 10 % stiegen, scheinen vorbei zu sein. Der überhitzte Sammlermarkt hat sich erheblich beruhigt. Viele Spekulanten, die das schnelle Geld gemacht hatten oder machen wollten, hatten den Sammlermarkt in den vergangenen Jahren künstlich nach oben gepuscht. Nun haben sie sich wieder aus dem Markt zurückgezogen und widmen sich anderen Produkten, von denen sie sich einen Gewinn versprechen. Teddyliebhaber waren dies sicherlich nicht, und sie werden in der Teddyszene auch nicht vermisst. Die internationale Finanzkrise und die ständigen, zum Teil überzogenen Medienberichte darüber haben natürlich auch mit zu einer Beruhigung des Marktes beigetragen.

Veränderung des Sammlermarktes

Auch der Sammlermarkt hat sich in den vergangenen 10 bis 15 Jahren verändert. Früher waren die Sammelstücke von Privathaushalten, auf Flohmärkten, speziellen Spielzeugmärkten und bei Auktionen zu bekommen. Die Privathaushalte, in denen noch ein Teddy von der Oma aus den 1910/20er Jahren sitzt, sind inzwischen weitestgehend leergeräumt. Auf den Flohmärkten werden nur noch selten schöne, alte Teddys angeboten, meist überwiegt die Neuware. Auf speziellen Teddymessen oder Spielzeugmärkten ist das Angebot alter Teddys in den letzten Jahren zugunsten neuer Künstlerteddys und Repliken stark zurückgegangen. Zudem haben sich in den letzten Jahren viele Verkaufsaktivitäten der Sammler und Händler ins Internet verlagert. Hiermit ist im Wesentlichen eBay gemeint. Hinzu kommen noch einige spezielle Internet-Shops von Händlern und Sammlern. Das Angebot der traditionellen Auktionshäuser hat sich in den letzten Jahren in Bezug auf die Menge der Teddybären kaum verändert. Es sind lediglich neue Anbieter hinzugekommen, und es gab zwischen den einzelnen Auktionshäusern mengenmäßige Verschiebungen.

Veränderung der Preislandschaft

Bedingt durch die zuvor geschilderten Veränderungen des Marktes in den letzten Jahren sind die Sammlerwerte in vielen Fällen auf ein niedrigeres Niveau zurückgegangen.
Generell gilt:

- Markenprodukte waren preisstabiler als unbekannte Fabrikate,
- Teddys mit möglichst kompletten und gut erhaltenen Identifikationsmerkmalen haben nicht so viel an Wert verloren wie solche ohne IDs,
- Teddys aus der Zeit vor 1945 waren ebenfalls preisstabiler als Teddys, die nach 1945 gefertigt wurden,
- sehr gut bzw. gut erhaltene Teddys haben weniger an Wert verloren als stark bespielte,
- original erhaltene Teddys waren stabiler im Preis als restaurierte,
- Teddys, die gut restauriert sind, haben weniger an Wert verloren als schlecht geflickte Bären,
- die Ergebnisse bei Auktionshäusern sind preislich nicht so stark zurückgegangen wie die Preise im Internet.

Welche Folgerungen kann der Sammler aus diesen Erkenntnissen ziehen? Sehr gute und gut erhaltene Markenware behält eher ihren Wert. Durch die überwiegend gesunkenen Preise ist es wieder einfacher geworden, preiswert an interessante Sammelobjekte zu kommen.

Sortierung im Buch

Das Buch beginnt mit den Teddys und Bären der deutschen Manufakturen in alphabetischer Reihenfolge. Innerhalb der Hersteller haben wir eine weitgehend chronologische Abfolge gewählt, beginnend mit den Teddybären der 1900er Jahre und endend mit den späten Exemplaren der 1970er Jahre. Die Teddybären der diversen Volkseigenen Betriebe (VEBs) und Produktionsgenossenschaften des Handwerks (PGHs) der DDR aus der Zeit der 1950/70er Jahre haben wir unter dem Überbegriff „Thüringer Teddys aus DDR-Zeiten, VEB- und PGH-Produkte aus dem Raum Sonneberg" zusammengefasst und, soweit möglich, den entsprechenden Herstellbetrieben zugeordnet. Das Sammeln der diversen Thüringer Teddys ist im Übrigen in den letzten Jahren bei vielen Sammlern immer beliebter geworden und dies nicht nur, seitdem die schönen Teddybären der Firma Diem/Sonneberg publik wurden. Der Schwerpunkt der abgebildeten und beschriebenen Teddys und Bären in diesem Preisführer liegt bei dem bedeutendsten deutschen Hersteller, der Firma Margarete Steiff/Giengen, deren Produkte gut ein Drittel der Abbildungen einnehmen. Die ausländischen Hersteller sind im hinteren Teil des Buches nach Ländern alphabetisch sortiert.

Die angegebenen Sammlerwerte

Die angegebenen Sammlerwerte beruhen auf einem Durchschnittswert der Ergebnisse bei Auktionshäusern, bei Internetverkäufen und den erzielbaren Preisen auf speziellen Teddybär- und Spielzeugsammlermärkten, außerdem auf unserer langjährigen Erfahrung und Marktpräsenz. Die von uns genannten Sammlerwerte gelten für guten bis sehr guten Zustand. Bei Teddys in außergewöhnlich schönem, absolut unbespieltem Bestzustand mit allen Identifikationsmerkmalen sind die angegebenen Werte jedoch wesentlich höher anzusetzen. Ist ein Teddy bespielt und hat Mängel, so sind Preisabschläge zu den genannten Werten zu machen. Bei sehr seltenen, hochwertigen Teddys und Musterexemplaren haben wir den Wert mit „20.000 aufwärts" angegeben, da solche Teddys viel zu selten auftauchen und sich damit kein verlässlicher Marktpreis bilden konnte. Unsere Preisangaben sind ohne jegliche Gewähr und können als Richtpreise betrachtet werden.

Ausblick und Chancen für Neueinsteiger

Im Gegensatz zu den hohen Preisen vor einigen Jahren sehen wir in Zukunft auch für Neueinsteiger Chancen, mit diesem interessanten Sammelgebiet zu beginnen. Auch für Sammler, die dieses Hobby schon viele Jahre betreiben, ist es nun wieder möglich geworden, lang gesuchte „Sahnestückchen" zu erschwinglicheren Preisen zu kaufen, sich lang gehegte Wünsche zu erfüllen und Lücken in der Teddy-Sammlung zu schließen. Wir werden oft gefragt, wie viel ein alter Teddy, der heute 1.000 Euro kostet, wohl in zehn Jahren wert ist. Wir können nicht voraussagen, wie sich der Markt für alte Teddybären entwickeln wird. Es gibt auch niemanden, der prophezeien kann, was eine bestimmte Aktie in zehn Jahren wert sein wird. Viele Anleger haben das Vertrauen in den Aktienmarkt verloren, und sie investieren heute wieder in Sachwerte. Wir empfehlen, in so genannte „Plüschaktien" in Form alter Teddybären zu investieren. Die Aktie aus Papier ist möglicherweise morgen nichts mehr wert. Den gekauften antiken Teddybären aber, egal ob sein Sammlerwert gefallen oder gestiegen ist, haben Sie noch. Diesen Teddy können Sie seit dem Tag des Kaufes genießen. Sie können ihn jeden Tag anschauen und sich daran erfreuen, ihn an sich drücken und ihn knuddeln. Probieren Sie das mal mit einem Stück Aktienpapier aus. Jeder einzelne alte Teddy hat Seele und bringt seinem Besitzer täglich viel Freude. Wir haben es ausprobiert und machen es noch heute – und es wirkt immer noch! Wir meinen, dass dies in der heutigen Zeit viel wichtiger und wesentlich mehr wert ist, als wenn der Sammlerwert eines Teddys um 10 % steigt.

Wir danken den Teddybesitzern, die uns ihre Plüschlieblinge fotografieren ließen, ebenfalls allen Plüschveteranen, die durch ihre liebenswerte Ausstrahlung und Artenvielfalt mitgeholfen haben, diesen Preisführer zu einem interessanten Bildband über wunderschöne Teddybären zu machen.

Wir wünschen allen Freunden alter Teddybären viel Erfolg beim Zuordnen und beim Auf- und Ausbau ihrer Sammlung.

Christel und Rolf Pistorius

1 Teddy: dunkelbrauner Wolldeckenstoff, Pfoten/Sohlen aus rotem Möbelplüsch von den Sitzbänken der Reichsbahnzüge der 1. Klasse, schwarze, eingeklebte Metallnietenaugen, 5-fach gegliedert, mit Holzwolle gestopft.

Größe	Zeitraum	Wert in €
38 cm	1946 – 48	**80 – 120**

2 Teddy: gelber Mohair, Pfoten/Sohlen aus rotem Möbelplüsch von den Sitzbänken der Reichsbahnzüge der 1. Klasse, braun-schwarze Glasaugen, 5-fach gegliedert, mit Holzwolle gestopft.

Größe	Zeitraum	Wert in €
38 cm	1948	**120 – 140**

3

3 Teddy: beigefarbiger Mohair, Pfoten/Sohlen aus Filz, braun-schwarze Glasaugen, 5-fach gegliedert, mit Holzwolle gestopft.

Größe	Zeitraum	Wert in €
22 cm	1960er Jahre	**60 – 80**

4

4 Teddy: braun gespitzter Mohair, Ohrinnenseiten/Schnauze aus beigefarbigem Kurzmohair, Pfoten/Sohlen aus Filz, braun-schwarze Glasaugen, 5-fach gegliedert, mit Holzwolle gestopft, Brummstimme, gestopfte Ohren.

Größe	Zeitraum	Wert in €
40 cm	Mitte 1950er J.	**450 – 500**

5

5 Teddy: grau gespitzter Kunstplüsch, Schnauze aus beigefarbigem Kurzmohair, Pfoten/Sohlen aus Filz, braun-schwarze Glasaugen, 5-fach gegliedert, mit Holzwolle gestopft, Druckstimme, gestopfte Ohren.

Größe	Zeitraum	Wert in €
28 cm	1950er Jahre	**100 – 120**

6

6 Teddy: caramelfarbiger Mohair, Pfoten/Sohlen aus Filz, braun-schwarze Glasaugen, 5-fach gegliedert, mit Holzwolle gestopft, Brummstimme, gestopfte Ohren.

Größe	Zeitraum	Wert in €
40 cm	1950/60er Jahre	**150 – 200**

7

8

7 Teddy: braunmelierter Mohair, Schnauze/Pfoten/Sohlen aus beigefarbigem Kurzmohair, braunschwarze Glasaugen, 5-fach gegliedert, mit Holzwolle gestopft, Brummstimme, gestopfte Ohren.

Größe	Zeitraum	Wert in €
60 cm	1950/60er Jahre	**350 – 400**

8 Teddy Puck (Tanzbär): weißer Mohair, Ohrinnenseiten/Schnauze/Fußrücken aus Kurzmohair, offener Mund/Zunge/Pfoten/Sohlen aus Filz, braun-schwarze Glasaugen, Arme biegbar, mit Holzwolle gestopft, Druckstimme, gestopfte Ohren, flache Fußsohlen mit Pappeinlage, Halsband und Nasenring mit Kette (ersetzt).

Größe	Zeitraum	Wert in €
28 cm	1950/60er Jahre	**400 – 450**

10

9

10 Teddy Drolly, der groteske Bär: weißer Dralon, Ohrinnenseiten/Schnauze/Hände/Fußrücken aus beigefarbigem Samt, Sohlen aus Filz, weiß-schwarze Glasschielaugen, Arme biegbar, weich gestopft, Druckstimme, gestopfte Ohren, flache Fußsohlen mit Pappeinlage.

Größe	Zeitraum	Wert in €
18 cm	1950/60er Jahre	**100 – 120**
28 cm	1950/60er Jahre	**140 – 180**

9 Teddy: weißer Mohara-Zottelplüsch, Schnauze/Pfoten/Sohlen aus Kurzmohair, offener Mund/Zunge aus Filz, braun-schwarze Glasaugen, 5-fach gegliedert, mit Holzwolle gestopft, Druckstimme, gestopfte Ohren.

Größe	Zeitraum	Wert in €
40 cm	1950/60er Jahre	**250 – 300**

11

11 Teddy: silbermelierter Mohair, Schnauze aus hellbraunem Kurzdralon, offener Mund/Pfoten/Sohlen aus Filz, braun-schwarze Glasaugen, 5-fach gegliedert, mit Holzwolle gestopft, Druckstimme, gestopfte Ohren, Mund mit intensiver, roter Zungenbemalung.

Größe	Zeitraum	Wert in €
35 cm	1950/60er Jahre	**80 – 120**

12

12 Teddy (Tanzbär): braun gespitzter Mohair, Ohrinnenseiten/Schnauze/Fußrücken aus beigefarbigem Kurzmohair, offener Mund/Zunge/Pfoten/Sohlen aus Filz, braun-schwarze Glasaugen, Arme biegbar, weich/Holzwolle gestopft, Druckstimme, flache Fußsohlen mit Pappeinlage, Halsband mit Kette.

Größe	Zeitraum	Wert in €
30 cm	1950/60er Jahre	**80 – 120**

13

13 Jungbär: caramelfarbiger Mohair, Schnauze aus beigefarbigem Mohair, braun-schwarze Glasaugen, weich/Holzwolle gestopft.

Größe	Zeitraum	Wert in €
12 cm	1960er Jahre	**40 – 60**

14

14 Teddy (Stehbär): caramelfarbiger Mohair, Sohlen aus Filz, braun-schwarze Glasaugen, Arme biegbar, weich/Holzwolle gestopft, flache Fußsohlen mit Pappeinlage, original Kleidchen.

Größe	Zeitraum	Wert in €
18 cm	1960er Jahre	**60 – 80**

15

15 Teddy: weißer Dolan, Ohrinnenseiten/Schnauze/Pfoten/Sohlen aus beigefarbigem Kurzdolan, braun-schwarze Glasaugen, 5-fach gegliedert, weich gestopft, Brummstimme.

Größe	Zeitraum	Wert in €
60 cm	1970er Jahre	**120 – 160**

16

16 Eisbär: weißer Wollplüsch, Kopfplatte/Ohren/Pfotenrücken/Fußrücken aus kurzem Wollplüsch, Pfoten/Sohlen aus Leinen, schwarze Glasaugen, 5-fach gegliedert, mit Holzwolle gestopft, Brummstimme, flache Fußsohlen mit Pappeinlage, große Kopf- und Beinscheiben, kleines Schwänzchen.

Größe	Zeitraum	Wert in €
40 cm	1920/30erJahre	**2.000 – 3.000**

17 Koala: hellbrauner Wollplüsch, Sohlen aus Leinen, schwarze Glasaugen, Kopf drehbar, weich gestopft, Druckstimme, Nasenrücken aus lachsfarbigem Leinen, Blechmarke „Baweku Made in Germany".

Größe	Zeitraum	Wert in €
18 cm	1920/30er Jahre	**400 – 500**

17

18 Teddy mit Uhrwerk (Nein-Nein-Sager): gelber Mohair, Pfoten/Sohlen aus Filz, schwarze Schuhknopfaugen, 4-fach gegliedert, mit Holzwolle gestopft, durch Aufziehen des Uhrwerkes bewegt sich der Kopf hin und her.

Größe	Zeitraum	Wert in €
30 cm	1909 – 16	**8.000 – 9.000**

18

19 Bär mit Kugel (Uhrwerk): brauner Mohair, Sohlen aus Filz, schwarze Schuhknopfaugen, mit Holzwolle gestopft, mit eingebautem Uhrwerk im Blechball. Bär steht auf Rädchen und dreht sich im Kreise, als ob er den Ball vor sich herrollt.

Größe	Zeitraum	Wert in €
18 cm	1910er Jahre	**1.500 – 2.000**

20 Teddy am Trapez: brauner Mohair, Sohlen aus Filz, schwarze Schuhknopfaugen, Kopf drehbar, Beine gegliedert, mit Holzwolle gestopft, Teddy mit Uhrwerk im Bauch hängt am Trapez (ersetzt) und macht Purzelbäume. Rechts am Körper rot-weiß-schwarze Blechmarke „DRP DIV DRGM".

Größe	Zeitraum	Wert in €
20 cm	1910er Jahre	**6.000 – 8.000**

20

21 Teddy: weißer Mohair, Pfoten/Sohlen aus Filz, schwarze Schuhknopfaugen, 5-fach gegliedert, mit Holzwolle gestopft, Brummstimme.

Größe	Zeitraum	Wert in €
35 cm	1910er Jahre	**2.000 – 2.500**

22 Teddys: Mohair, Sohlen aus Filz, schwarze Schuhknopfaugen, 5-fach gegliedert, mit Holzwolle gestopft.

Farbe	Größe	Zeitraum	Wert in €
braun	16 cm	1910er Jahre	**800 – 1.000**
gelb	16 cm	1910er Jahre	**600 – 800**

21

22

23

23 Teddy: gelber Mohair, kurz rasierte Schnauze, Pfoten/Sohlen aus Filz, braun-schwarze Glasaugen, 5-fach gegliedert, mit Holzwolle gestopft, sehr tiefe Doppelbrummstimme, Beinnaht vorne und hinten.

Größe	Zeitraum	Wert in €
80 cm	1920er Jahre	**4.000 – 5.000**

24

24 Teddy: gelber Mohair, kurz rasierte Schnauze, Pfoten/Sohlen aus Filz, braun-schwarze Glasaugen, 5-fach gegliedert, mit Holzwolle gestopft, Brummstimme, Beinnaht vorne und hinten, rote Blechmarke mit der schwarzen Aufschrift „BW Germany".

Größe	Zeitraum	Wert in €
50 cm	Anfang 1920er Jahre	**2.500 – 3.000**

25

26

27

25 Teddy: brauner Mohair, kurz rasierte Schnauze, Pfoten/Sohlen aus Filz, braunschwarze Glasaugen, 5-fach gegliedert, mit Holzwolle gestopft, Brummstimme, Beinnaht vorne und hinten.

Größe	Zeitraum	Wert in €
40 cm	1920er Jahre	**1.500 – 2.000**

26 Teddy: grüner Mohair, kurz rasierte Schnauze, Sohlen aus Filz, braun-schwarze Glasaugen, 5-fach gegliedert, mit Holzwolle gestopft, Druckstimme, Beinnaht nur vorne.

Größe	Zeitraum	Wert in €
20 cm	1920er Jahre	**600 – 800**

27 Teddy: gelber Mohair, kurz rasierte Schnauze, Sohlen aus Filz, braun-schwarze Glasaugen, 5-fach gegliedert, mit Holzwolle gestopft, Druckstimme, graue Blechmarke mit schwarzer Aufschrift „BW Germany", Beinnaht nur vorne.

Größe	Zeitraum	Wert in €
20 cm	Ende 1920er Jahre	**1.800 – 2.200**

28

28 Teddy: caramelfarbiger Mohair, Schnauze / Pfoten / Sohlen aus hellbraunem Kurzmohair, braunschwarze Kunststoffaugen, 5-fach gegliedert, weich gestopft, Druckstimme.

Größe	Zeitraum	Wert in €
35 cm	1960er Jahre	**120 – 160**

29 Teddy: beigefarbiger Dralon, Pfoten/Sohlen aus kurzem Dralon, braun-schwarze Glasaugen, 5-fach gegliedert, weich gestopft.

Größe	Zeitraum	Wert in €
25 cm	1970er Jahre	**60 – 80**

30

30 Teddy: caramelfarbiger Mohair, Ohrinnenseiten / Schnauze / Pfoten / Sohlen aus weißem Mohair, offener Mund aus Filz, braun-schwarze Glasaugen, 5-fach gegliedert, weich gestopft, Druckstimme, Brustschild aus goldfarbigem Kunststoff „CMB".

Größe	Zeitraum	Wert in €
35 cm	1960er Jahre	**60 – 80**

Teddy: weißer Mohair, Ohrinnenseiten / Schnauze / Pfoten / Sohlen aus caramelfarbigem Mohair, offener Mund aus Filz, braun-schwarze Glasaugen, 5-fach gegliedert, weich gestopft, Druckstimme, Brustschild aus goldfarbigem Kunststoff „CMB".

Größe	Zeitraum	Wert in €
35 cm	1960er Jahre	**80 – 100**

31

32

31 Teddy: goldfarbiger Mohair, Pfoten / Sohlen aus Leinen, braun-schwarze Glasaugen, 5-fach gegliedert, mit Holzwolle gestopft, Brummstimme.

Größe	Zeitraum	Wert in €
40 cm	1950er Jahre	**200 – 250**

32 Teddy: braun gespitzter Kunstseidenplüsch, Ohrinnenseiten / Schnauze aus gelbem, kurzem Kunstseidenplüsch, Pfoten / Sohlen aus Leinen, braun-schwarze Glasaugen, 5-fach gegliedert, mit Holzwolle gestopft, Brummstimme.

Größe	Zeitraum	Wert in €
35 cm	1950er Jahre	**120 – 140**

33

33 Teddy Sammy: caramelfarbiger Mohair, Ohrinnenseiten / Schnauze aus beigefarbigem Kurzmohair, offener Mund aus rotem Filz, Pfoten / Sohlen aus Leinen, braun-schwarze Glasaugen, 5-fach gegliedert, mit Holzwolle gestopft, Brummstimme, flache Fußsohlen mit Pappeinlage.

Größe	Zeitraum	Wert in €
35 cm	Ende 1950er / Anfang 1960er Jahre	**140 – 180**

34

34 Teddy: silberfarbig gespitzter Mohair, Ohrinnenseiten / Schnauze aus kurzem, beigefarbigen Mohair, offener Mund / Pfoten / Sohlen aus Filz, braun-schwarze Glasaugen, 5-fach gegliedert, mit Holzwolle gestopft, Druckstimme.

Größe	Zeitraum	Wert in €
30 cm	1950/60er Jahre	**60 – 80**

35

36

35 Teddy: caramelfarbiger Mohair, Schnauze aus Kurzmohair, Pfoten / Sohlen aus Filz, braunschwarze Glasaugen, 5-fach gegliedert, mit Holzwolle gestopft, Brummstimme.

Größe	Zeitraum	Wert in €
40 cm	1950/60er Jahre	**140 – 180**

36 Teddy mit Spieluhr: beigefarbiger Mohair, Ohrinnenseiten / Schnauze / Pfoten / Sohlen / Brusteinsatz aus cremefarbigem Kurzmohair, braunschwarze Kunststoffaugen, weich gestopft, Musikwerk wird durch Ziehknopf mit Schnur (am Hinterkopf) betätigt und spielt „Guten Abend, gute Nacht".

Größe	Zeitraum	Wert in €
15 cm	1960/70er Jahre	**60 – 80**

37

37 Teddy: goldfarbiger Mohair, Pfoten/Sohlen aus Filz, braun-schwarze Glasaugen, 5-fach gegliedert, mit Holzwolle gestopft, Brummstimme.

Größe	Zeitraum	Wert in €
70 cm	Ende 1920er Jahre	**2.500 – 3.000**

38

38 Teddy: roter Mohair, gelb gespitzt, Pfoten/Sohlen aus Filz, braun-schwarze Glasaugen, 5-fach gegliedert, mit Holzwolle gestopft, Brummstimme.

Größe	Zeitraum	Wert in €
45 cm	Ende 1920er Jahre	**2.500 – 3.000**

39

39 Tanzbär mit Uhrwerk: dunkelbrauner Mohair, Pfoten aus Filz, braun-schwarze Glasaugen, einfache Drahtaufhängung der Arme, mit Holzwolle gestopft, gestopfte Ohren, rot gestickte Zungenspitze, Nasenring, Kette fehlt. Wird das Uhrwerk aufgezogen, so tanzt und brummt der Bär.

Größe	Zeitraum	Wert in €
32 cm	Ende 1920er Jahre	**2.500 – 3.000**

40

40 Teddy: gelber Mohair, Ohrinnenseiten/Gesichtsmaske aus Kurzmohair, offener Mund/Zunge/Pfoten/Sohlen aus Filz, braunschwarze Glasaugen, 5-fach gegliedert, mit Holzwolle gestopft, Brummstimme.

Größe	Zeitraum	Wert in €
60 cm	Ende 1920er/Anfang 1930er Jahre	**2.800 – 3.500**

41

41 Teddy: braun gespitzter Mohair (ausgeblichen), kurz rasierte Schnauze, Pfoten/Sohlen aus Filz, braun-schwarze Glasaugen, 5-fach gegliedert, mit Holzwolle gestopft, Brummstimme, rot gestickte Zungenspitze.

Größe	Zeitraum	Wert in €
70 cm	1920/30er Jahre	**3.000 – 4.000**

42

42 Teddy: braun gespitzter Mohair, kurz rasierte Schnauze, Pfoten / Sohlen aus Filz, braun-schwarze Glasaugen, 5-fach gegliedert, mit Holzwolle gestopft, Brummstimme.

Größe	Zeitraum	Wert in €
52 cm	Ende 1920er/Anfang 1930er Jahre	**1.200 – 1.600**

43

43 Jungbär: goldgelber Wollplüsch, beigefarbige Gesichtsmaske aus Wollplüsch, Sohlenplüsch kurz rasiert, weiß-braun-schwarze Glasaugen, Kopf drehbar, mit Holzwolle gestopft, Druckstimme, rotes Lederhalsband.

Größe	Zeitraum	Wert in €
20 cm	Ende 1930er Jahre	**200 – 250**

44 Babybär in Trachtenkleidung: braun gespitzter Mohair, Ohrinnenseiten/Schnauze/Fußrücken aus beigefarbigem Kurzmohair, Pfoten/Sohlen aus Filz, braun-schwarze Glasaugen, 5-fach gegliedert, mit Holzwolle gestopft, Druckstimme, rot gestickte Zungenspitze, flache Fußsohlen mit Pappeinlage, Originalkleidung.

Größe	Zeitraum	Wert in €
20 cm	1930er Jahre	**1.800 – 2.200**

45 Teddy: gelber Mohair, Pfoten/Sohlen aus Filz, braun-schwarze Glasaugen, 5-fach gegliedert, mit Holzwolle gestopft, Druckstimme.

Größe	Zeitraum	Wert in €
30 cm	1930er Jahre	**300 – 400**

45

46

46 Babybär: grauer Mohair, Gesichtsmaske/Füße aus goldgelbem Kunstseidensamt, braun-schwarze Glasaugen, Kopf drehbar, einfache Drahtaufhängung der Arme/Beine, mit Holzwolle gestopft.

Größe	Zeitraum	Wert in €
9 cm	1930/40er Jahre	**500 – 600**

47 Babybär: goldgelber Kunstseidenplüsch, Gesichtsmaske aus gelbem Kunstseidenplüsch, Pfoten/Sohlen aus Leinen, braun-schwarze Glasaugen, 5-fach gegliedert, mit Holzwolle gestopft, Brummstimme.

Größe	Zeitraum	Wert in €
35 cm	1930/40er Jahre	**450 – 500**

47

48

48 Teddy: braun gespitzter/weißer Kunstseidenplüsch, Pfotenrücken / Fußrücken aus weißem Kurzmohair, Zunge / Pfoten / Sohlen aus Filz, braun-schwarze Glasaugen, mit Holzwolle gestopft, Druckstimme, flache Fußsohlen mit Pappeinlage.

Größe	Zeitraum	Wert in €
25 cm	Ende 1940er / Mitte 1950er Jahre	**400 – 500**

49

50

49 Teddy: apricotfarbiger Mohair (stark ausgeblichen), Schnauze / Fußrücken aus Kurzmohair, Pfoten / Sohlen aus Samt, hellbraun-schwarze Glasaugen, 5-fach gegliedert, mit Holzwolle gestopft, Brummstimme, flache Fußsohlen mit Pappeinlage.

Größe	Zeitraum	Wert in €
55 cm	1930er Jahre	**1.200 – 1.600**

50 Papierplüsch Teddy: brauner Zellwollplüsch, hellbraun-schwarze Glasaugen, 5-fach gegliedert, mit Holzwolle gestopft, Druckstimme, flache Fußsohlen mit Pappeinlage.

Größe	Zeitraum	Wert in €
32 cm	1940/50er Jahre	**1.500 – 2.000**

51

51 Teddy: gelber Kunstseidenplüsch, Schnauze/ Pfoten/Sohlen aus kurzem, goldgelbem Kunstseidenplüsch, hellbraun-schwarze Glasaugen, 5-fach gegliedert, mit Holzwolle gestopft, Brummstimme, flache Fußsohlen mit Pappeinlage.

Größe	Zeitraum	Wert in €
42 cm	1950er Jahre	**250 – 300**

52

52 Teddy: weißer Wollplüsch, Schnauze/Pfoten/ Sohlen aus gleichlangem Wollplüsch, hellbraun-schwarze Glasaugen, 5-fach gegliedert, mit Holzwolle gestopft, Brummstimme, flache Fußsohlen mit Pappeinlage.

Größe	Zeitraum	Wert in €
45 cm	1950er Jahre	**180 – 220**

53

53 Teddy: braun gespitzter Wollplüsch, Schnauze/ Pfoten/Sohlen aus gleichlangem Wollplüsch, hellbraun-schwarze Glasaugen, 5-fach gegliedert, mit Holzwolle gestopft, Brummstimme, flache Fußsohlen mit Pappeinlage.

Größe	Zeitraum	Wert in €
50 cm	1950er Jahre	**300 – 350**

54

54 Teddy: caramelfarbiger Mohair, Schnauze/Pfoten/Sohlen aus Kurzmohair, hellbraun-schwarze Glasaugen, 5-fach gegliedert, mit Holzwolle gestopft, Brummstimme, flache Fußsohlen mit Pappeinlage.

Größe	Zeitraum	Wert in €
38 cm	1950er Jahre	**700 – 800**

55

55 Teddys: Mohair, Schnauze / Pfoten / Sohlen aus Kurzmohair, hellbraun-schwarze Glasaugen, 5-fach gegliedert, mit Holzwolle gestopft, 35 cm mit Brummstimme, 25 cm mit Druckstimme, flache Fußsohlen mit Pappeinlage.

Farbe	Größe	Zeitraum	Wert in €
blau	35 cm	1950/60er Jahre	**400 – 500**
rosa	25 cm	1950/60er Jahre	**350 – 400**

56

56 Miniatur Karikatur Teddy links: caramelfarbiger Mohair, Pfoten/Sohlen aus beigefarbigem Mohair, hellbraun-schwarze Glasaugen, weich gestopft.
56 Miniatur Karikatur Panda Teddy Mitte: Kopf weißer Mohair, Körper schwarzer Mohair, Schnauze / Zunge / Pfoten / Sohlen aus Filz, schwarze Glasaugen, weich gestopft.
56 Miniatur Karikatur Teddy rechts: goldgelber Mohair, Pfoten / Sohlen aus beigefarbigem Mohair, hellbraun-schwarze Glasaugen, weich gestopft.

Farbe	Größe	Zeitraum	Wert in €
caramel	12 cm	1960/70er Jahre	**40 – 60**
schwarz-weiß	12 cm	1960/70er Jahre	**80 – 100**
goldgelb	12 cm	1960/70er Jahre	**40 – 70**

57

57 Teddy: caramelfarbiger Mohair, Schnauze / Pfoten / Sohlen aus Kurzmohair, hellbraun-schwarze Glasaugen, 5-fach gegliedert, weich gestopft, späte Version ohne Pappeinlage in den Füßen. Möglicherweise nach 1972 hergestellt und damit aus VEB-Produktion.

Größe	Zeitraum	Wert in €
40 cm	1960/70er Jahre	**150 – 200**

58

59

58 Teddy: caramelfarbiger, gespitzter Mohair, Schnauze aus Kurzmohair, offener Mund / Pfoten / Sohlen aus Filz, braun-schwarze Kunststoffaugen, 5-fach gegliedert, weich / Holzwolle gestopft, Druckstimme.

Größe	Zeitraum	Wert in €
40 cm	1960 – 68	**120 – 160**

59 Teddy: grau-braun gespitzter Mohair, Schnauze aus caramelfarbigem Kurzmohair, Pfoten / Sohlen aus Filz, braun-schwarze Kunststoffaugen, 5-fach gegliedert, mit Holzwolle gestopft, Brummstimme.

Größe	Zeitraum	Wert in €
35 cm	1960 – 68	**180 – 220**

60 Teddys: goldfarbiger Mohair, Pfoten/Sohlen aus Filz (21 cm ohne Filzpfoten), braun-schwarze Glasaugen, 5-fach gegliedert, mit Holzwolle gestopft, 21 und 32 cm mit Druckstimme, 45 cm mit Brummstimme, alle 3 Größen Beinnaht vorne und hinten. 32 cm Größe mit Kahn-Ohrfahne ist weltweit das einzig bekannte Exemplar mit diesem erhaltenen originalen Markenzeichen.

Größe	Zeitraum	Wert in €
21 cm	Mitte 1920er Jahre	**800 – 1.000**
32 cm	Mitte 1920er Jahre	**2.500 – 3.000**
45 cm	Mitte 1920er Jahre	**1.400 – 1.800**

60

61 Teddy: hellbrauner Mohair, Pfoten/Sohlen aus Filz, braun-schwarze Glasaugen, 5-fach gegliedert, weich gestopft.

Größe	Zeitraum	Wert in €
22 cm	1950/60er Jahre	**60 – 80**

61

62

62 Handspielpuppe Teddy: honigfarbiger Mohair, Schnauze aus hellbeigefarbigem Mohair, Pfoten aus Filz, braun-schwarze Glasaugen, Kopf weich gestopft, Druckstimme.

Größe	Zeitraum	Wert in €
–	1960er Jahre	**60 – 80**

63 Teddy mit Sprechwerk: honigfarbiger Mohair, Pfoten/Sohlen aus honigfarbigem Kurzmohair, braun-schwarze Glasaugen, 5-fach gegliedert, weich gestopft, Sprechwerk wird über Schnur mit Ziehring betätigt. Teddy spricht fünf unterschiedliche Sätze.

Größe	Zeitraum	Wert in €
42 cm	1960er Jahre	**160 – 200**

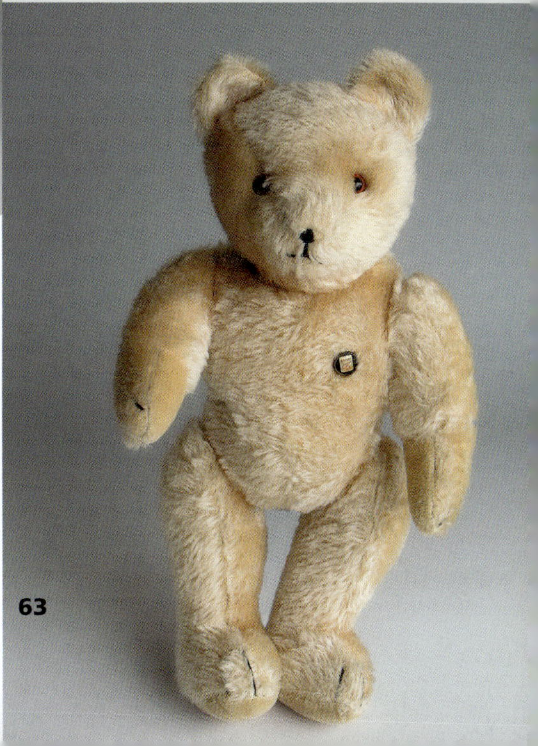

63

64

64 **Teddy:** langer, braun gespitzter Mohair, Schnauze aus beigefarbigem Kurzmohair, Pfoten/Sohlen aus Filz, braun-schwarze Glasaugen, 5-fach gegliedert, weich/Holzwolle gestopft, Brummstimme.

Größe	Zeitraum	Wert in €
35 cm	1960er Jahre	**100 – 120**

65

66

65 **Pandabär:** schwarz-weißer Mohair, Schnauze aus weißem Mohair, braun-schwarze Glasaugen, weich gestopft, rotes Kunststoff-Halsband.

Größe	Zeitraum	Wert in €
10 cm	1960er Jahre	**60 – 80**

66 **Biegeteddy:** brauner Mohair, Schnauze/Ohrinnenseiten/Pfoten/Sohlen/aus beigefarbigem Mohair, braun-schwarze Glasaugen, Biegeglieder, weich gestopft.

Größe	Zeitraum	Wert in €
22 cm	1960er Jahre	**40 – 60**

67

67 Teddy: lachsfarbiger Mohair, Pfoten/Sohlen aus Filz, hellbraun-schwarze Glasaugen, 5-fach gegliedert, mit Holzwolle gestopft, Brummstimme.

Größe	Zeitraum	Wert in €
55 cm	Ende 1920er bis Mitte 1930er Jahre	**800 – 1.200**

68

68 Eisbär: weißer Alpakaplüsch, Schnauze/Pfotenrücken/Fußrücken aus Kurzalpaka, Pfoten/Sohlen aus Samt, braun-schwarze Glasaugen, Arme/Beine biegbar, weich/Holzwolle gestopft, Druckstimme, kurzes Schwänzchen.

Größe	Zeitraum	Wert in €
30 cm	Mitte 1930er bis Anfang 1940er Jahre	**400 – 500**

69

69 Bär als Gehfigur: violetter Mohair, Pfoten aus Filz, braun-schwarze Glasaugen, einfache Drahtaufhängung der Arme, mit Holzwolle gestopft, eingebautes Uhrwerk für Gehmechanismus mit Aufziehschlüssel, Füße aus Gusseisen.

Größe	Zeitraum	Wert in €
33 cm	Ende 1920er/Anfang 1930er Jahre	**700 – 1.000**

70

71

70 Teddy: beigefarbiger Mohair, Ohrinnenseiten / Schnauze aus beigefarbigem Kurzmohair, offener Mund / Pfoten / Sohlen aus Filz, braun-schwarze Glasaugen, 5-fach gegliedert, weich gestopft, Druckstimme.

Größe	Zeitraum	Wert in €
35 cm	1960er Jahre	**200 – 250**

71 Braunbär: dunkelbrauner Mohair, Ohrinnenseiten / Schnauze aus beigefarbigem Mohair, braun-schwarze Kunststoffaugen, mit Holzwolle gestopft, braunes Kunststoffhalsband.

Größe	Zeitraum	Wert in €
10 cm	1960er Jahre	**80 – 100**

72

73

72 Teddy: caramelfarbiger Mohair, Pfoten/Sohlen aus Leinen, braun-schwarze Glasaugen, 5-fach gegliedert, mit Holzwolle gestopft, flache Fußsohlen mit Pappeinlage.

Größe	Zeitraum	Wert in €
22 cm	1950/60er Jahre	**80 – 120**

73 Teddy Putzi: caramelfarbiger Mohair, Schnauze aus beigefarbigem, kurzem Wollplüsch, Pfoten/Sohlen aus Leinen, offener Mund aus Filz, braun-schwarze Kunststoffaugen, 5-fach gegliedert, mit Holzwolle gestopft, Druckstimme, flache Fußsohlen mit Pappeinlage.

Größe	Zeitraum	Wert in €
25 cm	Mitte 1960er Jahre	**100 – 140**

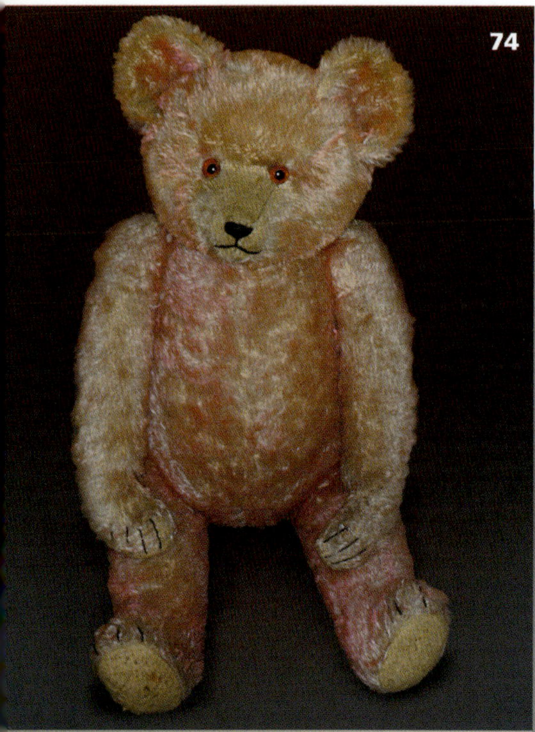

74

74 Teddy Serie 960: rosa Mohair, kurz rasierte Schnauze, Pfoten / Sohlen aus Filz, braun-schwarze Glasaugen, 5-fach gegliedert, mit Holzwolle gestopft, Brummstimme.

Größe	Zeitraum	Wert in €
80 cm	1930er Jahre	**800 – 1.000**

75

75 Teddy (Sonneberg-Typ): goldgelber Mohair, Schnauze aus Kurzmohair, Pfoten / Sohlen aus Filz, braun-schwarze Glasaugen, 5-fach gegliedert, mit Holzwolle gestopft, Brummstimme.

Größe	Zeitraum	Wert in €
70 cm	1930er Jahre	**800 – 1.200**

76

76 Baby-Stehbär Serie 88: braun-gespitzter Mohair-Zottelplüsch, Ohrinnenseiten / Schnauze / Fußrücken aus beigefarbigem Kurzmohair, Pfoten / Sohlen aus Filz (ersetzt), braun-schwarze Glasaugen, 5-fach gegliedert, mit Holzwolle gestopft, Druckstimme, flache Fußsohlen mit Pappeinlage.

Größe	Zeitraum	Wert in €
27 cm	1951 – 55	**300 – 400**

77 Baby-Stehbär Serie 88: Mohair in der Farbe mode, Ohrinnenseiten / Schnauze / Fußrücken aus Kurzmohair, Pfoten / Sohlen aus Filz, braun-schwarze Glasaugen, 5-fach gegliedert, mit Holzwolle gestopft, Druckstimme, flache Fußsohlen mit Pappeinlage.

Größe	Zeitraum	Wert in €
27 cm	nur 1955	**300 – 400**

77

78

78 Teddy (Sonneberg-Typ) Serie 61: Mohair, Schnauze aus Kurzmohair, Pfoten / Sohlen aus Filz, braunschwarze Glasaugen, spätere Versionen auch mit braun hintermalten Kunststoffaugen, 5-fach gegliedert, mit Holzwolle gestopft, 25 cm Größe Druckstimme, ab 30 cm Brummstimme.

Anmerkung zur Farbbezeichnung: Änderung von karamel in caramel ab 1958.

Größe	Farbe	Zeitraum	Farbe	Zeitraum	Wert in €
25 cm	karamel	1956 – 76	mode	1956 – 76	**60 – 80**
30 cm	karamel	1952 – 76	mode	1956 – 76	**80 – 100**
36 cm	karamel	1952 – 76	mode	1956 – 76	**100 – 140**
40 cm	karamel	1952 – 76	mode	1956 – 76	**140 – 180**
45 cm	karamel	1952 – 76	mode	1956 – 76	**180 – 220**
50 cm	karamel	1952 – 76	mode	1956 – 76	**200 – 250**
60 cm	karamel	1956 – 76	mode	1956 – 76	**250 – 300**
70 cm	caramel	1958 – 76	mode	1958 – 76	**300 – 400**

Größe	Farbe	Zeitraum	Wert in €
25 cm	gold oder weiß	1963 – 65	**100 – 140**
30 cm	gold oder weiß	1963 – 65	**120 – 160**
36 cm	gold oder weiß	1963 – 65	**140 – 180**
40 cm	gold oder weiß	1963 – 65	**180 – 220**
45 cm	gold oder weiß	1963 – 65	**250 – 300**
50 cm	gold oder weiß	1963 – 65	**300 – 350**
60 cm	gold oder weiß	1963 – 65	**350 – 400**
70 cm	gold oder weiß	1963 – 65	**400 – 500**

79

80

79 Teddy Serie 62: Mohair, Pfoten / Sohlen aus Filz, braun-schwarze Glasaugen, 5-fach gegliedert, mit Holzwolle gestopft, 17 – 25 cm Druckstimme, ab 30 cm Brummstimme.

Obere Reihe von links nach rechts:

Farbe	Größe	Zeitraum	Wert in €
beige	35 cm	1960er Jahre	**180 – 220**
beige	50 cm	1960er Jahre	**300 – 400**
gold	35 cm	1960er Jahre	**250 – 300**

Untere Reihe von links nach rechts:

Farbe	Größe	Zeitraum	Wert in €
caramel	25 cm	1950er Jahre	**60 – 80**
caramel	20 cm	1950er Jahre	**50 – 70**
beige	17 cm	1950er Jahre	**40 – 60**

80 Teddy Serie 70: goldfarbiger Mohair-Zottelplüsch mit braunen Spitzen, Ohrinnenseiten / Schnauze aus beigefarbigem Kurzplüsch, Pfoten / Sohlen aus Filz, braun-schwarze Glasaugen, 5-fach gegliedert, mit Holzwolle gestopft, Brummstimme.

Größe	Zeitraum	Wert in €
60 cm	1955 – 71	**350 – 400**

81

81 Teddy Serie 70/1: caramelfarbiger Mohair-Zottelplüsch mit silberfarbigen Spitzen, Ohrinnenseiten / Schnauze aus Kurzmohair, Pfoten / Sohlen aus Filz, braun-schwarze Glasaugen, 5-fach gegliedert, mit Holzwolle gestopft, Brummstimme.

Größe	Zeitraum	Wert in €
60 cm	1954 – 68	**350 – 400**

82 Jungbären Serie 85: karamel silbergespitzter Mohair-Zottelplüsch, Schnauze aus karamelfarbigem Kurzmohair, offener Mund / Pfoten / Sohlen aus Filz, braun-schwarze Glasaugen, 5-fach gegliedert, weiche Wollfüllung, 55 cm Kapokfüllung, Druckstimme. Anmerkung zur Farbbezeichnung: Änderung von Karamel in Caramel ab 1958.

Größe	Zeitraum	Wert in €
18 cm	1955 – 84	**20 – 40**
24 cm	1955 – 84	**20 – 40**
28 cm	1955 – 85	**30 – 70**
35 cm	1958 – 84	**40 – 80**
42 cm	1958 – 84	**60 – 100**
50 cm	1964 – 84	**80 – 120**
55 cm	1961 – 76	**100 – 140**

82

83 Musik Teddy Serie 85 MD: caramel-silber gespitzter Mohair-Zottelplüsch, Schnauze aus caramelfarbigem Kurzmohair, offener Mund / Pfoten / Sohlen aus Filz, braun-schwarze Glasaugen, 5-fach gegliedert, weich / Holzwolle gestopft. Schweizer Musikdose im Körper, Aufziehmechanismus im Rücken. Der Teddykopf dreht sich nach links und rechts, solange das Musikwerk spielt.

Größe	Zeitraum	Wert in €
28 cm	1959 – 62	**200 – 2500**

84

83

84 Baby-Stehbären Serie 82: Mohair, offener Mund / Pfoten / Sohlen aus Filz, braun-schwarze Glasaugen, 5-fach gegliedert, mit Holzwolle gestopft, Druckstimme, flache Fußsohlen mit Pappeinlage, rotes Kunststoffhalsband mit Kette zur Nase (fehlt beim 27 cm Teddy). Anmerkung zur Farbbezeichnung: Änderung von Karamel in Caramel ab 1958.

Plüsch	Farbe	Größe	Zeitraum	Wert in €
Wollplüsch	chamois	27 cm	1952 – 54	**300 – 350**
Mohair	karamel	22 cm	1952 – 72	**100 – 140**
Mohair	karamel	27 cm	1952 – 56	**160 – 200**
Mohair	braun	22 cm	1952 – 56	**200 – 250**
Mohair	braun	27 cm	1952 – 56	**200 – 250**

85 Bi-Ba-Bo Bär Handspieltier Serie 410/13: brauner Mohair, Ohrinnenseiten / Schnauze aus gelbem Kurzmohair, offener Mund / Pfoten aus Filz, braun-schwarze Glasaugen, Kopf mit Holzwolle gestopft.

Größe	Zeitraum	Wert in €
24 cm	1952 – 75	**40 – 60**

85

86

87

86 Panda Bär Serie 86: weiß-schwarzer, langhaariger Mohair, Schnauze aus weißem Kurzmohair, offener Mund / Pfoten / Sohlen aus Filz, braun-schwarze Glasaugen, 5-fach gegliedert, besonders weiche Wollfüllung, Druckstimme.

Größe	Zeitraum	Wert in €
24 cm	1956 – 62	**80 – 120**

87 Dralonbär auf Holländer Serie 250/2: caramelfarbiger Dralon, Ohrinnenseiten / Schnauze / Brust aus weißem Dralon, offener Mund /Pfoten / Sohlen aus Filz, braun-schwarze Glasaugen, 5-fach gegliedert, weich / Holzwolle gestopft, Druckstimme. Beim Ziehen des Fahrgestells wippt der Teddy vor und zurück. Rote Kunststofffelgen nur 1973 / 74. Blechfelgen mit Speichenoptik 1967 – 72.

Größe	Zeitraum	Wert in €
20 x 27 cm	1973/74	**100 – 150**

88 Teddy „Petzi" Serie 10: hellbrauner und roter, weiß gepunkteter Dralon, 28 und 36 cm Größe: Ohrinnenseiten / Schnauze aus Kurzdralon, offener Mund / Hände / Füße aus beigefarbigem Perlon-Velours, schwarze Kunststoffnase, weiß-schwarz-hellblaue Kunststoffaugen, weiche Stopfung. 35 cm Größe, geschlossener Mund, schwarze Stoffnase, Pfoten / Sohlen aus braunem Perlon-Velours, schwarze Kunststoffaugen, Metallgliederkette um den Hals. 50 cm Größe hellbrauner Dralon, weiß-schwarz-hellblaue Kunststoffaugen. Alle Größen flache Fußsohlen mit Pappeinlage. Lizenzartikel Petzi-Serie, Bilderbücher Carlsen-Verlag Kopenhagen.

Größe	Zeitraum	Wert in €
28 cm	1976 – 84	**50 – 80**
35 cm	1980 – 84	**80 – 120**
36 cm	1976 – 79	**100 – 140**
50 cm	nur 1979	**200 – 250**

88

89

89 Tanzbär (Biegeteddy): brauner Wollplüsch, Ohrinnenseiten / Schnauze / Fußrücken beigefarbiger Kurzmohair, offener Mund / Zunge / Pfoten / Sohlen aus Filz, braun-schwarze Glasaugen, Kopf drehbar, Arme / Beine biegbar, mit Holzwolle gestopft, Druckstimme, flache Fußsohlen mit Pappeinlage, original Nasenring mit Kette, rotes Lederhalsband.

Größe	Zeitraum	Wert in €
28 cm	1950 – 52	**350 – 400**

90

91

90 Teddy Rollyzottel: braun gespitzter Mohair, Schnauze aus beigefarbigem Kurzmohair, Pfoten / Sohlen aus Filz, braun-schwarze Glasaugen, 5-fach gegliedert, mit Holzwolle gestopft, Brummstimme.

Größe	Zeitraum	Wert in €
80 cm	1950 – 52	**800 – 1.000**

91 Handspieltier Teddy: brauner Mohair, Ohrinnenseiten / Schnauze aus beigefarbigem Kurzmohair, rote Zunge / Pfoten aus Filz, braun-schwarze Glasaugen, Kopf mit Holzwolle gestopft, Halsrüsche aus grauem Seidenstoff.

Größe	Zeitraum	Wert in €
22 cm	1950 – 52	**200 – 250**

92

93

92 Tanzbär (Biegeteddy): brauner Mohair, Fußrücken beigefarbiger Kurzmohair, Pfoten/Sohlen aus Filz, braun-schwarze Glasaugen, Kopf drehbar, Arme/Beine biegbar, mit Holzwolle gestopft, Druckstimme, flache Fußsohlen mit Pappeinlage, schwarze Nasengarnierung mit rotem Perlgarn umrahmt. Original Warenzeichen „Rex" an der Brust (sehr selten).

Größe	Zeitraum	Wert in €
25 cm	1953 – 54	**600 – 800**

93 Teddy: braun gespitzter Mohair, Schnauze aus beigefarbigem Kurzmohair, Pfoten/Sohlen aus Filz, braun-schwarze Glasaugen, 5-fach gegliedert, mit Holzwolle gestopft, Brummstimme, gestopfte Ohren. Original Warenzeichen „Rex" an der Brust (sehr selten).

Größe	Zeitraum	Wert in €
50 cm	1953 – 54	**400 – 500**

94

94 Teddy: goldgelber Mohair, kurz rasierte Schnauze, Pfoten / Sohlen aus Filz (hier Sohlen ersetzt), eingeklebte, braun-schwarze Glasstiftaugen, 5-fach gegliedert, mit Holzwolle gestopft, Brummstimme.

Größe	Zeitraum	Wert in €
80 cm	1930er Jahre	**500 – 700**

95 Miniatur Stehbärchen: weißer und gelber Kunstseidenplüsch, Pfoten / Sohlen aus rostrotem Filz, schwarze Glasaugen, einfache Drahtaufhängung der Arme / Beine, mit Holzwolle gestopft, handgehäkelte, originale Trachtenkleidung.

Größe	Zeitraum	Wert in €
19 cm	1933	**300 - 400**

95

96

96 Teddy: gelber Mohair, Schnauze aus kurzem Wollplüsch, Pfoten/Sohlen aus Filz, 5-fach gegliedert, mit Holzwolle gestopft, Brummstimme.

Größe	Zeitraum	Wert in €
55 cm	1950er Jahre	**300 – 350**

97

97 Teddy: caramelfarbiger Mohair, Schnauze aus kurzem Wollplüsch, Pfoten / Sohlen aus Filz, braun-schwarze Glasaugen, 5-fach gegliedert, mit Holzwolle gestopft, Brummstimme.

Größe	Zeitraum	Wert in €
40 cm	1950er Jahre	**180 – 220**

98

99

98 Miniatur-Teddy: caramelfarbiger Mohair, Brust aus weißem Mohair, Stehfüße aus schwarzem Filz, braun-schwarze Glasaugen, mit Holzwolle gestopft, rote Filzweste.

Größe	Zeitraum	Wert in €
14 cm	1950er Jahre	**80 – 100**

99 Koalabär: caramelfarbiger Mohair, Ohrinnenseiten / Schnauze / Hände / Füße / Vorderseite des Körpers aus beigefarbigem Mohair, Nasenrücken aus braunem Filz, braun-schwarze Glasaugen, 5-fach gegliedert, mit Holzwolle gestopft, Druckstimme.

Größe	Zeitraum	Wert in €
25 cm	Ende 1950er J.	**150 – 200**

100 Musik Teddy: caramelfarbiger Mohair, Schnauze aus beigefarbigem Kurzmohair, offener Mund/Zunge/Pfoten aus Filz, Sohlen aus Leinen, braun-schwarze Glasaugen, 5-fach gegliedert, mit Holzwolle gestopft, flache Fußsohlen mit Pappeinlage, Musikwerk im Körper. Melodie: „Das ist die Berliner Luft, Luft …"

Größe	Zeitraum	Wert in €
30 cm	Anfang 1960er Jahre	**300 – 350**

101 Teddy: braun gespitzter Mohair, Schnauze aus beigefarbigem Kurzmohair, Pfoten/Sohlen aus Filz, braun-schwarze Glasaugen, 5-fach gegliedert, mit Holzwolle gestopft, Brummstimme.

Größe	Zeitraum	Wert in €
40 cm	1950/60er Jahre	**200 – 250**

102 Panda Teddy: schwarz-weißer Mohair, braun-schwarze Glasaugen, 5-fach gegliedert, mit Holzwolle gestopft.

Größe	Zeitraum	Wert in €
14 cm	Mitte 1960er Jahre	**60 – 80**

100

101

102

103

103 Teddy mit Sprechwerk: gelber Mohair, Nase/Pfoten/Sohlen aus Filz, braun-schwarze Kunststoffaugen, 5-fach gegliedert, mit Holzwolle gestopft, Sprechwerk im Bauch wird über eine Schnur mit Ring vom Nacken aus betätigt.

Größe	Zeitraum	Wert in €
40 cm	1960er Jahre	**100 – 140**

104

104 Teddy: weißer Mohair, Schnauze aus Kurzmohair, Pfoten / Sohlen aus Filz, braun-schwarze Glasaugen, Arme / Beine gegliedert, weich / Holzwolle gestopft.

Größe	Zeitraum	Wert in €
25 cm	1960er Jahre	**60 – 80**

105

106

105 Teddy: gelber Mohair, Pfoten/Sohlen aus braunem Leder, schwarze Schuhknopfaugen, 5-fach gegliedert, mit Holzwolle gestopft, Brummstimme.

Größe	Zeitraum	Wert in €
90 cm	Mitte 1930er Jahre	**1.200 – 1.500**

106 Teddy: grüner Mohair, Pfoten/Sohlen aus braunem Leder, braun-schwarze Glasaugen, 5-fach gegliedert, mit Holzwolle gestopft, Brummstimme.

Größe	Zeitraum	Wert in €
50 cm	1950er Jahre	**1.200 – 1.500**

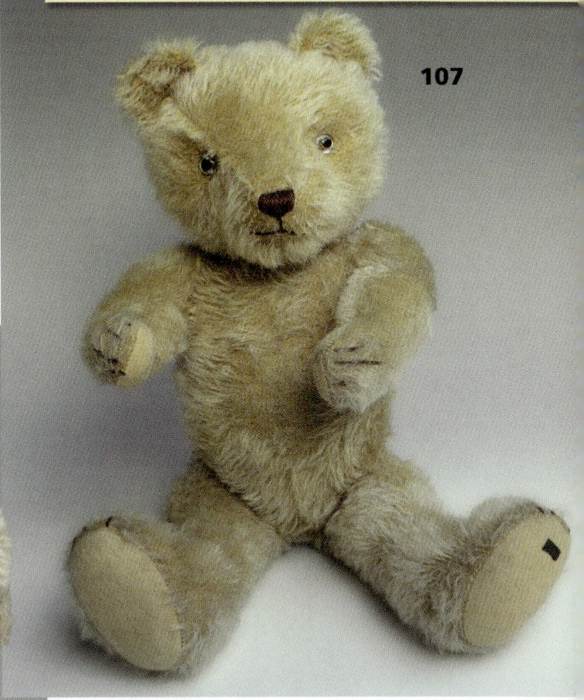

107

107 Teddy: caramelfarbiger Mohair, Pfoten / Sohlen aus Filz, braun-schwarze Glasaugen (Farbe abgeblättert), 5-fach gegliedert, mit Holzwolle gestopft, Brummstimme.

Größe	Zeitraum	Wert in €
40 cm	Ende 1950er Jahre	**200 – 250**

108

109

108 Teddys: Mohair, braun-schwarze Glasaugen, 5-fach gegliedert, mit Holzwolle gestopft.

Farbe	Größe	Zeitraum	Wert in €
braun	20 cm	1950er Jahre	**180 – 220**
caramel	20 cm	1950er Jahre	**150 – 180**

109 Handspieltier Teddy: caramelfarbiger Mohair, braun-schwarze Glasaugen, mit Holzwolle gestopft.

Größe	Zeitraum	Wert in €
–	1960er Jahre	**40 – 60**

110 Teddy: goldbrauner Kunstseidenplüsch (Hausfarbe), Pfoten / Sohlen aus Filz, braun-schwarze Glasaugen, 5-fach gegliedert, mit Holzwolle gestopft, Brummstimme.

Größe	Zeitraum	Wert in €
50 cm	Ende 1940 bis Ende 1950er Jahre	**180 – 220**

111

111 Bärenbaby: grauer Mohair, Schnauze aus Kurzmohair, offener Mund/Pfoten/Sohlen aus Filz, braun-schwarze Glasaugen, 5-fach gegliedert, mit Holzwolle gestopft, Druckstimme, flache Fußsohlen mit Pappeinlage.

Größe	Zeitraum	Wert in €
18 cm	Anfang 1950er Jahre	**200 – 250**

112

112 Eisbär: weißer Mohair, braun-schwarze Glasaugen, Kopf drehbar, mit Holzwolle gestopft.

Größe	Zeitraum	Wert in €
9 cm	Anfang 1950er Jahre	**60 – 80**

113

113 Petzi Bär: braun gespitzter Mohair, bemaltes Gummigesicht, Händchen/Sohlen aus Filz, gemalte Augen, 5-fach gegliedert, mit Holzwolle gestopft, flache Fußsohlen mit Pappeinlage, original rotes Höschen mit weißen Punkten. Comicfigur aus den Petzi-Heften des Carlsen Verlags.

Größe	Zeitraum	Wert in €
17 cm	Mitte 1950er Jahre	**200 – 250**

114

115

114 Handspieltier Teddy: gelber Mohair, goldgelbe Brust, Pfoten aus Filz, braun-schwarze Glasaugen, Kopf mit Holzwolle gestopft, Druckstimme.

Größe	Zeitraum	Wert in €
–	1950er Jahre	**100 – 120**

115 Teddy: gelber Mohair, braun-schwarze Glasaugen, einfache Drahtaufhängung der Arme/Beine, mit Holzwolle gestopft.

Größe	Zeitraum	Wert in €
12 cm	1950/60er Jahre	**40 – 60**

116 Teddy: caramelfarbiger Mohair, Pfoten/Sohlen aus Filz, braun-schwarze Glasaugen, 5-fach gegliedert, mit Holzwolle gestopft, Druckstimme.

Größe	Zeitraum	Wert in €
28 cm	1950/60er Jahre	**100 – 140**

116

117

117 Teddy: brauner Kunstseidenplüsch, Schnauze aus weißem Kunstseidenplüsch, Pfoten/Sohlen aus rotem Filz, Nase aus schwarzem Kunststoff, braun-schwarze Kunststoffaugen, einfache Drahtaufhängung der Arme/Beine, mit Holzwolle gestopft, original Kleidung, original Plastikbeutel-Verpackung.

Größe	Zeitraum	Wert in €
30 cm	1960/70er Jahre	**40 – 60**

118

119

118 Teddy Baby: caramelfarbiger Mohair, Schnauze aus beigefarbigem Kurzmohair, offener Mund / Pfoten / Sohlen aus Filz, braun-schwarze Glasaugen, 5-fach gegliedert, mit Holzwolle gestopft, flache Fußsohlen mit Pappeinlage.

Größe	Zeitraum	Wert in €
25 cm	Mitte 1950er Jahre bis Anfang 1960er Jahre	**150 – 200**

119 Musik-Teddy: caramelfarbiger Mohair, Schnauze aus Kurzmohair, Pfoten / Sohlen aus Filz, braun-schwarze Glasaugen, 5-fach gegliedert, mit Holzwolle gestopft, Musikwerk zum Drücken.

Größe	Zeitraum	Wert in €
40 cm	Mitte 1950er Jahre bis Anfang 1960er Jahre	**350 – 400**

120

120 Teddy: gelber Kunstseidenplüsch, Ohrinnenseiten aus weißem Kurzseidenplüsch, Pfoten/Sohlen aus Leinen, Nase aus schwarzem Kunststoff, braun-schwarze Glasaugen, einfache Drahtaufhängung der Arme/Beine, mit Holzwolle gestopft.

Größe	Zeitraum	Wert in €
30 cm	1950/60er Jahre	**40 – 60**

121

121 Teddy mit Sprechwerk: hell gespitzter, brauner Mohair, Ohrinnenseiten / Schnauze / Pfoten / Sohlen aus beigefarbigem Kurzmohair, offener Mund aus Raustoff, braun-schwarze Glasaugen, 5-fach gegliedert, mit Holzwolle gestopft, auf dem Buckel Ziehring für das Sprechwerk.

Größe	Zeitraum	Wert in €
40 cm	Ende 1960er bis Anfang 1970er Jahre	**160 – 200**

122

122 Teddy: rosa Kunstseidenplüsch, Schnauze aus weißem Kurzseidenplüsch, Pfoten / Sohlen aus Filz, braun-schwarze Glasaugen, 5-fach gegliedert, mit Holzwolle gestopft, Brummstimme.

Größe	Zeitraum	Wert in €
35 cm	1950er Jahre	**60 – 80**

123 Stehbär: caramelfarbiger Mohair, Schnauze/Fußrücken aus beigefarbigem Kurzmohair, offener Mund/Zunge/Pfoten/Sohlen aus Filz, braun-schwarze Glasaugen, 5-fach gegliedert, mit Holzwolle gestopft, Brummstimme, dick gestopfte Ohren, flache Fußsohlen mit Pappeinlage.

Größe	Zeitraum	Wert in €
30 cm	1950/60er Jahre	**200 – 250**

124 Teddy: caramelfarbiger Mohair, Schnauze aus cremefarbigem Kurzmohair, Pfoten/Sohlen aus Filz, braun-schwarze Glasaugen, 5-fach gegliedert, weich gestopft, Druckstimme, dick gestopfte Ohren.

Größe	Zeitraum	Wert in €
40 cm	1960er Jahre	**120 – 160**

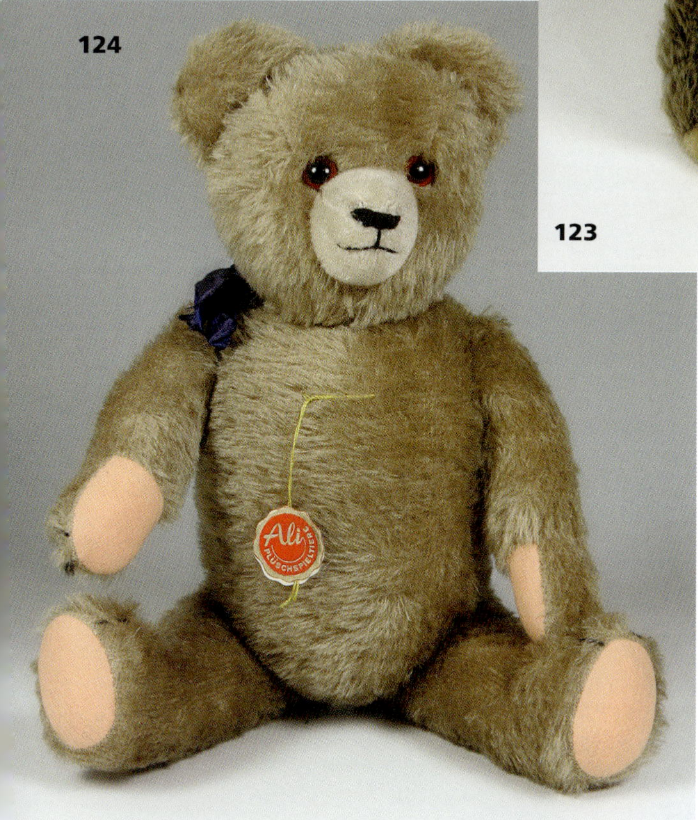

125

125 Teddy als Fußballer Nummer 5: Kopf caramelfarbiger Mohair, Schnauze aus cremefarbigem Wollplüsch, Arme aus caramelfarbigem Wollplüsch, Beine aus caramelfarbigem/weißem Wollplüsch, braun-schwarze Kunststoffaugen, Arme biegbar, mit Holzwolle gestopft, angenähter Fußball aus Gummi, original Fußballerdress aus weißem und blauem Filz, Fußballschuhe aus Kunstleder mit Gummistollen.

Größe	Zeitraum	Wert in €
32 cm	1960er Jahre	**80 – 120**

126

126 Laufbär: goldgelber Kunstseidenplüsch, Schnauze/Pfoten aus kurzem Kunstseidenplüsch, Sohlen aus hellbraunem Wachstuch, braun-schwarze Glasaugen, Arme gegliedert, mit Holzwolle gestopft, Brummstimme, Beine mit Laufmechanismus, der Kopf bewegt sich beim Laufen hin und her.

Größe	Zeitraum	Wert in €
70 cm	1930er Jahre	**200 – 300**

127

127 Teddy: roter Kunstseidenplüsch, Ohrinnenseiten/Schnauze aus weißem Kurzseidenplüsch, Pfoten/Sohlen aus Filz, Nase aus schwarzem Kunststoff, braun-schwarze Glasaugen, einfache Drahtaufhängung der Arme/Beine, mit Holzwolle gestopft.

Größe	Zeitraum	Wert in €
35 cm	1950/60er Jahre	**60 – 80**

128

129

128 Musik-Teddy: apricotfarbiger, langer Wollplüsch, Schnauze kurz rasiert, Zunge aus rotem Filz, Pfoten/Sohlen aus Samt, braun-schwarze Glasaugen, 5-fach gegliedert, Arme biegbar, weich gestopft, Musikwerk zum Drücken.

Größe	Zeitraum	Wert in €
37 cm	Ende 1920er/Anfang 1930er Jahre	**2.000 – 2.500**

129 Teddy: leuchtend gelber Mohair mit weißen Spitzen, kurz rasierte Schnauze, Pfoten/Sohlen aus Filz, braun-schwarze Glasaugen, 5-fach gegliedert, weich/Holzwolle gestopft, Druckstimme.

Größe	Zeitraum	Wert in €
40 cm	Ende 1920er Jahre	**2.000 – 2.500**

130

130 Musik-Teddy Jackie: orangefarbiger Mohair, Schnauze kurz rasiert, Pfoten/Sohlen aus Filz, braun-schwarze Glasaugen, 5-fach gegliedert, mit Holzwolle gestopft, Musikwerk zum Drücken.

Größe	Zeitraum	Wert in €
32 cm	Ende 1920er bis Mitte 1930er Jahre	**2.500 – 3.000**

131

132

131 Musik-Teddy Jackie: gelber Mohair, Pfoten/Sohlen aus Filz, braun-schwarze Glasaugen, 5-fach gegliedert, mit Holzwolle gestopft, Musikwerk zum Drücken.

Größe	Zeitraum	Wert in €
50 cm	1930er Jahre	**1.800 – 2.200**

132 Teddy Jackie: gelber Mohair, Pfoten/Sohlen aus Filz, braun-schwarze Glasaugen, 5-fach gegliedert, mit Holzwolle gestopft, Brummstimme.

Größe	Zeitraum	Wert in €
35cm	1930er Jahre	**1.000 – 1.200**

133

133 Teddy: gelber Mohair, Pfoten aus Filz, Sohlen aus hellbraunem Wachstuch, braun-schwarze Glasaugen, Arme/Beine biegbar, mit Holzwolle gestopft, Druckstimme, original angenähte Hose aus Samt.

Größe	Zeitraum	Wert in €
18 cm	1930er Jahre	**250 – 300**

134

135

134 Teddy: braun gespitzter, gelockter Mohair, Pfoten/Sohlen aus Filz, braun-schwarze Glasaugen, 5-fach gegliedert, mit Holzwolle gestopft, Brummstimme.

Größe	Zeitraum	Wert in €
50cm	1950er Jahre	**1.200 – 1.600**

135 Teddy: gelber Mohair, Pfoten/Sohlen aus Filz, braun-schwarze Glasaugen, 5-fach gegliedert, mit Holzwolle gestopft, Druckstimme.

Größe	Zeitraum	Wert in €
30 cm	1950er Jahre	**500 – 600**

136

136 Teddy: rosa Mohair, Pfoten / Sohlen aus Filz, braun-schwarze Glasaugen, 5-fach gegliedert, mit Holzwolle gestopft, Druckstimme.

Größe	Zeitraum	Wert in €
32 cm	1950er Jahre	**600 – 700**

137 Pantomimen Teddy / Sicora-Wunderteddy: dunkelbrauner Mohair, Pfoten aus Filz (ersetzt), Sohlen aus Leinen, braun-schwarze Glasaugen, Kopf drehbar, Arme gegliedert, Beine können durch eingebautes Scharnier nach vorne angewinkelt werden, teilweise mit Holzwolle gestopft, teilweise geprägte Pappe mit Mohair überzogen, Brummstimme, Holzhandgriff und Steuerungsschnüre fehlen, Führungsröhrchen und Befestigungsknöpfe für die Steuerungsschnüre am Rücken bzw. an den Beinen vorhanden.

Größe	Zeitraum	Wert in €
50 cm	1910 – 15	**1.200 – 1.600**

138

138 Teddy mit Yes-/No-Mechanik: goldfarbiger Mohair, Pfoten/Sohlen aus Filz, seltene Funkelaugen aus geschliffenem Glas mit Metallrand, Kopf mit Yes-/No-Mechanik, Arme/Beine gegliedert, mit Holzwolle gestopft, Druckstimme.

Größe	Zeitraum	Wert in €
28 cm	1920er Jahre	**1.200 – 1.600**

139

139 Piccolo-Bär als Parfümflakon: aus Metallblech mit rotem Mohair überzogen, schwarze Blechaugen, Arme/Beine gegliedert, Kopf abnehmbar, Füllfläschchen aus Glas mit Korkverschluss im Innern. Schuco-Neuheit 1926.

Größe	Zeitraum	Wert in €
11 cm	1926 – Ende 1930er Jahre	**800 – 1.000**

140

140 Fahrradlampen-Teddy: aus Metallblech mit messingfarbenem Mohair überzogen, schwarze Metallaugen, Kopf mit Yes-/No-Mechanik, Arme/Beine gegliedert. Teddy auf Batteriefach sitzend, Lampe zwischen den Pfoten, batteriebetriebene Glühbirne, An- und Ausschaltung durch Drehen des Rändelrades am Batteriegehäuse. Am schwarzen Batteriegehäuses aus Blech, mit der Aufschrift „Charly", befindet sich an der Rückseite eine Klammer zur Befestigung am Fahrradlenker. Muster, kein Katalogbeleg.

Größe	Zeitraum	Wert in €
Teddy 12 cm	Anf. 1930er Jahre	**5.000 – 6.000**

141

142

141 Schwungrad-Roller Bär: Teddy (9 cm) aus Metallblech mit rosafarbigem Mohair überzogen, schwarze Metallaugen, Kopf drehbar, Arme gegliedert. Teddy sitzt fest im bedruckten Blechroller mit Schwungradantrieb.

Größe	Zeitraum	Wert in €
10 cm	1920/30er Jahre	**600 – 800**

142 Teddy mit Yes-/No-Mechanik: lang gelockter, goldgelber Mohair mit weißen Spitzen, kurz rasierte Schnauze, Pfoten/Sohlen aus Filz, braun-schwarze Glasaugen, Kopf mit Yes-/No-Mechanik, Arme/Beine gegliedert, mit Holzwolle gestopft, Brummstimme, sehr seltene Farbe.

Größe	Zeitraum	Wert in €
60 cm	Ende 1920er Jahre	**3.500 – 4.000**

143 Teddy mit Yes-/No-Mechanik: beigefarbiger Mohair, kurz rasierte Schnauze, offener Mund aus Filz, Pfoten/Sohlen aus Samt, weiß-schwarze Glasschielaugen, Kopf mit Yes-/No-Mechanik, Arme/Beine gegliedert, mit Holzwolle gestopft, Druckstimme.

Größe	Zeitraum	Wert in €
20 cm	1920/30er Jahre	**2.000 – 2.500**

144 Tanz-Bär mit Uhrwerk: aus Metallblech mit gelbem Mohair und Filzhose überzogen, schwarze Metallaugen, Arme gegliedert. Uhrwerk im Körperinnern wird durch Schlüssel aufgezogen. Teddy tanzt und dreht sich dabei.

Größe	Zeitraum	Wert in €
13 cm	1920/30er Jahre	**1.000 – 1.200**

145

145 Miniatur-Bären: aus Metallblech mit Mohair überzogen, Hände/Füße aus Filz, schwarze Metallaugen, 5-fach gegliedert.

Farbe	Größe	Zeitraum	Wert in €
gelb	6 cm	1920/30er Jahre	**350 – 400**
rot	6 cm	1920/30er Jahre	**500 – 600**

146 Miniatur-Baby-Bären: Arme und Kopf aus Metallblech mit Mohair überzogen, bemalte Samtfüße, schwarze Metallaugen, 5-fach gegliedert, Körper mit Holzwolle gestopft, Beine und Füße weich gestopft.

Farbe	Größe	Zeitraum	Wert in €
braun	12 cm	1920/30er Jahre	**1.200 – 1.400**
mais	12 cm	1920/30er Jahre	**1.000 – 1.200**

147

147 Teddy mit Yes-/No-Mechanik: aus Metallblech mit gelbem Mohair überzogen, schwarze Metallaugen, Kopf mit Yes-/No-Mechanik, Arme/Beine gegliedert.

Größe	Zeitraum	Wert in €
11 cm	1920/30er Jahre	**400 – 600**

146

148

148 Purzel-Bär: aus Metallblech mit goldfarbenem Mohair überzogen, lange Blecharme, Pfoten aus Filz, schwarze Metallaugen, Beine beweglich, Uhrwerk im Körper wird durch Drehen der Arme aufgezogen. Der Teddy schlägt kräftige Purzelbäume.

Größe	Zeitraum	Wert in €
12 cm	1920/30er Jahre	**500 – 700**

149

149 Talisman Miniatur-Bären: aus Metallblech mit Mohair überzogen, schwarze Metallaugen, 5-fach gegliedert, 1950/60er Jahre.

Farbe	Größe	Wert in €
blond oder haselnuss	7 cm	**30 – 40**
blond oder haselnuss	9 cm	**40 – 50**
hellbraun oder affenbraun	7 cm	**40 – 50**
hellbraun oder affenbraun	9 cm	**50 – 60**
gold	7 cm	**50 – 60**
gold	9 cm	**60 – 70**
schwarz-weiß (Panda-Bär)	7 cm	**60 – 70**
schwarz-weiß (Panda-Bär)	9 cm	**70 – 80**

150

150 Originalkarton Talisman Miniatur-Bären (Glücksbringer): aus Metallblech mit goldfarbenem Mohair überzogen, schwarze Metallaugen, 5-fach gegliedert. Original Verkaufspackung (stummer Diener) mit komplettem Originalsatz von 12 Mini-Bären, extrem selten.

Größe	Zeitraum	Wert in €
7 cm	1950/60er Jahre	**1.400 – 1.600**

151

151 Talisman Miniatur-Berliner Bär/ Stenografentag-Teddy: aus Metallblech mit braunem Mohair überzogen, schwarze Metallaugen, 5-fach gegliedert, mit Metallkrone und Anstecknadel. Schärpe mit Aufschrift „21. Deutscher Stenografentag 1965", geringe Stückzahl nur für diesen Anlass gefertigt. Der übliche Berlinbär mit Krone und Schärpenaufschrift „Berlin ist eine Reise Wert" wurde sehr lange Zeit und in sehr großen Mengen hergestellt. Er ist deshalb wesentlich häufiger, sein Sammlerwert ist nicht so hoch anzusetzen, wie der Marktpreis des seltenen Stenografentag-Teddys.

Größe	Zeitraum	Wert in €
Üblicher Berlinbär 7 cm	1950/60er Jahre	**40 – 60**
Stenografentag-Teddy 7 cm	nur 1965	**120 – 150**

152

153

152 Waschbär Arche-Noah-Serie: aus Metallblech mit weißem Mohair überzogen, Hände und Füße aus Filz, schwarze Metallaugen, 5-fach gegliedert.

Größe	Zeitraum	Wert in €
6 cm	1950er Jahre	**60 – 80**

153 Mascot Fußball-Bär: Kopf aus Metallblech mit beigefarbigem Mohair überzogen, schwarze Metallaugen, Arme/Beine biegbar. Fußball-Bären gab es in allen Bundesliga-Vereinsfarben bekleidet.

Größe	Zeitraum	Wert in €
10 cm	1960er Jahre	**60 – 80**

154

154 Zweigesichter-Bär „Janus“: Zweigesichtiger Bär aus Metallblech mit dunkelbraunem Mohair überzogen, schwarze Metallaugen, Arme/Beine gegliedert. Auf der einen Seite des Kopfes ist das normale, liebliche Bärengesicht zu sehen. Auf der anderen Seite befindet sich das freche, karikierte Bärengesicht mit beweglicher Zunge. Durch Drehen bzw. Ziehen des Knopfes zwischen den Beinen kann der Kopf gedreht bzw. die rote Kunststoffzunge herausgestreckt werden.

Größe	Zeitraum	Wert in €
9 cm	1954 – Ende 1960er Jahre	**200 – 300**

155

155 Tricky-Teddy-Bären: aus Metallblech mit Mohair überzogen, braun-schwarze Glasaugen, Kopf mit Yes-/No-Mechanik, Arme/Beine gegliedert.

Farbe	Größe	Zeitraum	Wert in €
gelb	14 cm	1950/60er Jahre	**150 – 200**
schwarz-weiß	14 cm	1950/60er Jahre	**200 – 250**

156

156 Tricky-Teddy-Bär: haselnussfarbiger Mohair, Pfoten/Sohlen aus Filz, braun-schwarze Glasaugen, Kopf mit Yes-/No-Mechanik, Arme/Beine gegliedert, mit Holzwolle gestopft, flache Fußsohlen mit Pappeinlage, Brustmarke: „Schuco Tricky Patent Ang. Made in US-Zone Germany“.

Größe	Zeitraum	Wert in €
22 cm	1950er Jahre	**300 – 350**

157

157 Tricky-Panda-Bär: schwarz-weißer Mohair, Zunge / Pfoten / Sohlen aus Filz, braun-schwarze Glasaugen, Kopf mit Yes- / No-Mechanik, Arme / Beine gegliedert, mit Holzwolle gestopft, flache Fußsohlen mit Pappeinlage, Brustmarke: „Schuco Tricky Patent Ang. Made in US-Zone Germany".

Größe	Zeitraum	Wert in €
22 cm	1950er Jahre	**400 – 500**

158

159

158 Tricky-Teddy-Bär Dandy: haselnussfarbiger Mohair, Pfoten / Sohlen aus Filz, braun-schwarze Glasaugen, Kopf mit Yes- / No-Mechanik, Arme / Beine gegliedert, mit Holzwolle gestopft, flache Fußsohlen mit Pappeinlage, Kleidung aus Baumwolle / Filz, Brustmarke: „Schuco Tricky Patent Ang. Made in US-Zone Germany".

Größe	Zeitraum	Wert in €
25 cm	1950er Jahre	**700 – 800**

159 Tricky-Teddy-Bär Holländer Mädchen: haselnussfarbiger Mohair, Pfoten / Sohlen aus Filz, braun-schwarze Glasaugen, Kopf mit Yes- / No-Mechanik, Arme / Beine gegliedert, mit Holzwolle gestopft, flache Fußsohlen mit Pappeinlage, Kleidung aus Baumwolle / Filz.

Größe	Zeitraum	Wert in €
22 cm	1950er Jahre	**700 – 800**

160

161

160 Musik Tricky Teddy: haselnussfarbiger Mohair, Pfoten / Sohlen aus Filz, Nase aus Kunststoff, braun-schwarze Glasaugen, Kopf mit Yes- / No-Mechanik, Arme / Beine gegliedert, mit Holzwolle gestopft, flache Fußsohlen mit Pappeinlage, eingebautes Schweizer Musikwerk, Aufziehmechanismus am Bauch.

Größe	Zeitraum	Wert in €
42 cm	1950/60er Jahre	**800 – 1.000**

161 Tricky-Teddy-Bär: goldgelber Mohair, Pfoten / Sohlen aus Filz, braun-schwarze Glasaugen, Kopf mit Yes- / No-Mechanik, Arme / Beine gegliedert, mit Holzwolle gestopft, flache Fußsohlen mit Pappeinlage.

Größe	Zeitraum	Wert in €
55 cm	Mitte 1950er Jahre	**1.200 – 1.400**

162

162 Rolly-Bär mechanischer Rollschuhläufer: Metallkörper mit haselnussfarbigem Mohair überzogen, Pfoten / Sohlen / Schal aus Filz, braunschwarze Glasaugen. Mit Uhrwerk, durch Verstellen des Stockes läuft Rolly vor-, rückwärts oder auf der Stelle. Unter den Rollschuhen mit „Schuco Rolly Made in US-Zone Germany D.B.G.M." gemarkt. Mit Originalkarton sehr selten.

Größe	Zeitraum	Wert in €
22 cm	1950er Jahre	**700 – 800**

163

164

163 Molly-Teddy: caramelfarbiger Mohair, Pfoten / Sohlen aus Filz, braun-schwarze Glasaugen, Arme / Beine biegbar, weich mit Schaumstoff gestopft.

Größe	Zeitraum	Wert in €
28 cm	1950er Jahre	**100 – 150**

164 Bibabo-Teddy, Handspiel- / Kasperlfigur: caramelfarbiger Mohair, Pfoten aus Filz, braunschwarze Glasaugen, Kopf mit Holzwolle gestopft.

Größe	Zeitraum	Wert in €
25 cm	1950er Jahre	**150 – 200**

165

165 Bigo-Bello-Teddy Winnie the Pooh: blonder Mohair, Pfoten/Sohlen aus Filz, Augen und Nase aus schwarzem Kunststoff, patentierte Biegekonstruktion der Arme/Beine. Für Schreyer von der Firma Hegi gefertigt.

Größe	Zeitraum	Wert in €
30 cm	1966 – Anfang 1970er Jahre	**150 – 200**

166

166 Bigo-Bello-Teddy Brummi: caramelfarbiger Mohair, Schnauze aus Kurzmohair, offener Mund/Pfoten/Sohlen aus Filz, braun-schwarze Glasaugen, Arme/Beine biegbar, Körper weich, Kopf hart gestopft, Druckstimme.

Größe	Zeitraum	Wert in €
35 cm	1960er Jahre	**80 – 100**

166 Bigo-Bello Teddy Puzzi: caramelfarbiger Mohair, Schnauze/Pfoten/Sohlen aus Dralon, winzige Zunge aus Filz, weiß-schwarze Augen und schwarze Nase aus Kunststoff, Arme/Beine biegbar, Körper weich, Kopf hart gestopft.

Größe	Zeitraum	Wert in €
25 cm	1960er Jahre	**40 – 60**

167

168

167 Bigo-Bello Teddy Parlo: brauner, langfloriger Dralon, Schnauze / Pfoten / Sohlen aus beigefarbigem Kurzdralon, offener Mund aus Filz, braun-schwarze Glasaugen, schwarze Kunststoffnase, Arme/Beine biegbar, weich gestopft, Kopf fest gestopft. Präzisions-Sprechwerk (Lizenz: Mattel Inc., USA) im Bauch wird durch eine Schnur mit Ring seitlich am Körper betätigt. Parlo spricht laut und deutlich elf verschiedene Sätze. Konnte in den Sprachen Deutsch, Französisch, Italienisch und Englisch bestellt werden.

Größe	Zeitraum	Wert in €
40 cm	1960er Jahre	**100 – 120**

168 Teddy: weißer Kurzmohair, winzige Zunge aus Filz, braun-schwarze Augen und Nase aus Kunststoff, Arme / Beine biegbar, weich gestopft. Hegi (Herta Girz)-Produktion exklusiv im Schreyer-Alleinvertrieb.

Größe	Zeitraum	Wert in €
26 cm	Ende 1960er / Anfang 1970er Jahre	**80 – 100**

177

Anmerkung:
Das Artikelnummernsystem von Steiff wurde in der langen Firmengeschichte mehrfach verändert. Von 1905 bis 1967/68 verwendet die Firma Steiff eine 4-stellige, so genannte „sprechende“ Artikelnummer. Als Beispiel nehmen wir den Steiff Teddy Bild 177:

Art.-Nr.	Größe
5343,2	60 cm

Die Artikelnummer 5343,2 bedeutet: Die erste Ziffer gibt die Stellung (z. B. stehend, liegend, sitzend, gegliedert usw.) an, hier die „5“ = gegliedert. Die zweite Ziffer die Stoffart, in diesem Beispiel die „3“ = Mohair. Die dritte und vierte Ziffer geben bei gegliederten Teddys die Sitzgröße in Zentimetern an. D. h. der Teddy aus diesem Beispiel wird sitzend gemessen und ist 43 cm hoch. Die Größenangabe in der Spalte „Größe“ bezieht sich auf die Stehhöhe von 60 cm. Die Stellen nach dem Komma geben Auskunft über Ausstattungsdetails wie mit oder ohne Räder, die Farbe, Art der Stimme usw. Bei Teddys, die nach 1933 hergestellt wurden, geben die 3. + 4. Ziffer der Artikelnummer die Stehgröße des Teddys an.

169

169 Kegelfigur Eisbärenkönig: weißer Kurzplüsch, Zunge aus Filz, Augen/Nase schwarze Schuhknöpfe, mit Holzwolle gestopft. Die Filzkrone des Eisbärenkönigs ist aufwendig bestickt und mit Pailletten und Perlen besetzt, die rote Filzjacke fehlt, Sockel und Stab sind aus Holz. Der Eisbärenkönig konnte nicht einzeln gekauft werden. Er wurde im Steiff-Sortiment zusammen mit weiteren 8 bzw. 9 Kegelfiguren als Kegelspiel angeboten.

Art.-Nr.	Größe	Zeitraum	Wert in €
-	22 cm	1897 – 1913	**1.200 – 1.500**

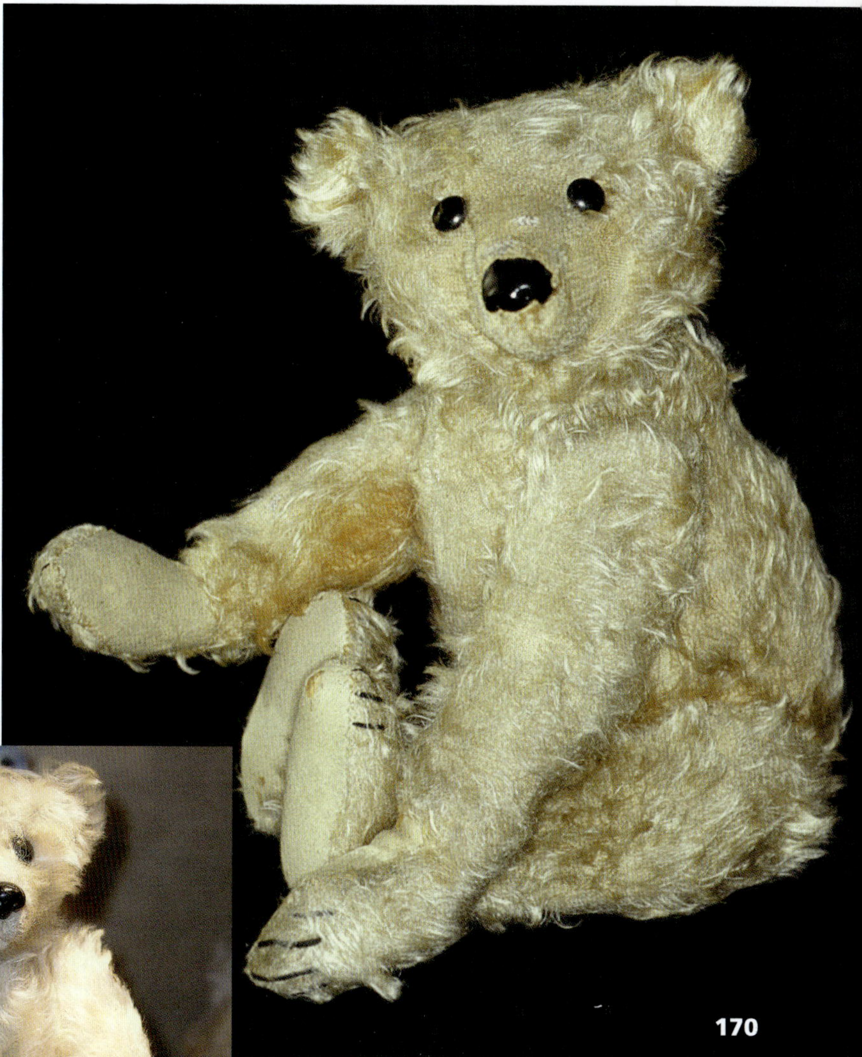
170

171

170/171 Teddy (Bärle 28PB): Glanz-/Feinplüsch, schwarze Siegellacknase, sehr dünner, gewachster Mundfaden, Pfoten/Sohlen aus Filz, schwarze Schuhknopfaugen, Gliederung durch Metallstangen, mit Holzwolle gestopft, Handnaht auf dem Kopf (zwischen den Ohren verlaufend), 5 Krallen. Diese frühen Bärle sind meistens mit Elefantenknopf ausgestattet.

Art.-Nr.	Farbe	Größe	Zeitraum	Wert in €
28PB/5328	hellbraun/blond	40 cm	1904 – 05	**20.000 aufwärts**
28PB/5328	weiß	40 cm	1904 – 05	**20.000 aufwärts**

172

172 Teddy (Bärle 28PAB): hellbrauner/aprikotfarbener Mohair, Pfoten/Sohlen aus Filz, schwarze Schuhknopfaugen, 5-fach gegliedert, Kapok/Holzwolle gestopft, Druckstimme, blanker Knopf, 5 Krallen.

Art.-Nr.	Größe	Zeitraum	Wert in €
28PAB	40 cm	1905	**10.000 – 12.000**

173 Teddy (Bärle 28PAB): weißer Mohair, Pfoten/Sohlen aus Filz, schwarze Schuhknopfaugen, 5-fach gegliedert, Kapok/Holzwolle gestopft, Druckstimme, blanker Knopf, 4 Krallen.

Art.-Nr.	Größe	Zeitraum	Wert in €
28PAB	40 cm	1905	**12.000 – 14.000**

173

174

174 Teddy (Bärle 17PAB) links: hellbrauner/zimtfarbener Mohair, Pfoten/Sohlen aus Filz, schwarze Schuhknopfaugen, 5-fach gegliedert, mit Holzwolle gestopft, Druckstimme, Mittelnaht, blanker Knopf. **Teddy rechts:** hellbrauner/zimtfarbener Mohair, Sohlen aus Filz, schwarze Schuhknopfaugen, 5-fach gegliedert, mit Holzwolle gestopft, Druckstimme, Arme bei dieser Größe nicht gebogen.

	Art.-Nr.	Größe	Zeitraum	Wert in €
links	17PAB/5317	25 cm	1905 – 06	**2.500 – 3.000**
rechts	5315	22 cm	1907 – 10	**2.000 – 2.500**

175

175 Teddy: hellbrauner/zimtfarbener Mohair, Pfoten/Sohlen aus Filz, schwarze Schuhknopfaugen, 5-fach gegliedert, mit Holzwolle gestopft, Brummstimme, sehr schöne, seltene Farbe.

Art.-Nr.	Größe	Zeitraum	Wert in €
5328	40 cm	1908 – 12	**8.000 – 10.000**

176 Teddy: hellbrauner/blonder Mohair, Pfoten/Sohlen aus Filz, schwarze Schuhknopfaugen, 5-fach gegliedert, mit Holzwolle gestopft, Musterknopf im rechten Ohr.

Art.-Nr.	Größe	Zeitraum	Wert in €
5317	22 cm	1910 – 16	**4.000 – 5.000**

177 Teddy: hellbrauner/blonder Mohair, Pfoten/Sohlen aus Filz, schwarze Schuhknopfaugen, 5-fach gegliedert, mit Holzwolle gestopft, Brummstimme.

Art.-Nr.	Größe	Zeitraum	Wert in €
5343,2	60 cm	1908 – 16	**6.000 – 7.000**

176

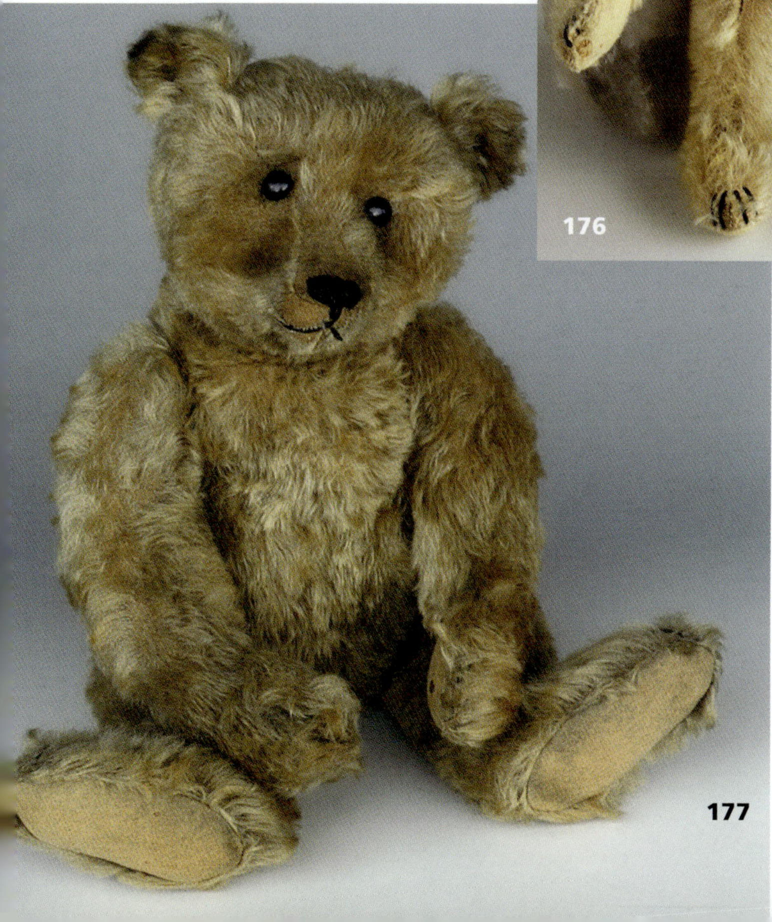
177

179

179 Polarbär links: weißer Mohair, Sohlen aus Filz, schwarze Schuhknopfaugen, Kopf über Kugelgelenkhalsmechanik drehbar, Beine gegliedert, mit Holzwolle gestopft.
Polarbär als Gehänge rechts: weißer Mohair, schwarze Glasaugen, mit Holzwolle gestopft, grünes Mohairhalsband und große Glocke. Der Polarbär diente als Gehänge für Kinderwagen/-bettchen. Gummischnur und Beinring fehlen.

	Größe	Art.-Nr.	Zeitraum	Art.-Nr.	Zeitraum	Wert in €
links	17 cm	8317	1908 – 18	5317	1923 – 28	**2.000 - 2.500**
rechts	8 cm	1308,02	1926 – 28			**1.200 - 1.500**

178 Teddy: dunkelbrauner Mohair, Pfoten-/Sohlen aus Filz, schwarze Schuhknopfaugen, 5-fach gegliedert, mit Holzwolle gestopft, Brummstimme.

Art.-Nr.	Größe	Zeitraum	Wert in €
5350,2	70 cm	1908 – 16	**9.000 - 10.000**

180

180 Teddys: Mohair, schwarze Glasperlenaugen, 5-fach gegliedert, mit Holzwolle gestopft, kleinste Teddygröße.

Farbe	Art.-Nr.	Größe	Zeitraum	Wert in €
hellbraun/blond	5307	10 cm	1906 – Anf. 1920er J.	**600 – 800**
weiß	5307	10 cm	1908 – Anf. 1920er J.	**800 – 1.000**

181 Teddy Purzelbär: Überschlagteddy aus Mohair, Pfoten/Sohlen aus Filz, schwarze Schuhknopfaugen, Kopf drehbar, Beine gegliedert, mit Holzwolle gestopft, Arme besonders lang und gerade, Uhrwerk für die Überschlagfunktion wird über die Arme aufgezogen, hohes Gewicht.

Farbe	Art.-Nr.	Größe	Zeitraum	Wert in €
hellbraun	9318	24 cm	1909 – 12	**3.000 – 3.500**
hellbraun	9323	30 cm	1909 – 16	**3.500 – 4.000**
dunkelbraun	9318	24 cm	1909 – 12	**4.000 – 4.500**
dunkelbraun	9323	30 cm	1909 – 13	**4.500 – 5.000**
weiß	9318	24 cm	1909 – 12	**5.500 – 6.000**
weiß	9323	30 cm	1909 – 13	**6.000 – 7.000**

181

182

183

184

182 Teddy (Pantom Bär): hellbrauner Mohair, Pfoten/Sohlen aus Filz, schwarze Schuhknopfaugen, sehr locker gegliedert, mit Holzwolle gestopft, Ziehstimme, Holzhandgriff und Steuerungsschnüre fehlen, die Ösen für die Schnüre sind an den Ohren noch vorhanden.

Art.-Nr.	Größe	Zeitraum	Wert in €
5325 P	35 cm	1910 – 13	**8.000 – 12.000**
5328 P	40 cm	1910 – 18	**10.000 – 14.000**

183 Teddy: hellbrauner/blonder Mohair, Pfoten/Sohlen aus Filz, schwarze Schuhknopfaugen, 5-fach gegliedert, mit Holzwolle gestopft, Druckstimme, aufgespritzte, braune Streifen an den Oberarmen, die die Falten des Bärenfelles andeuten, kein Katalognachweis.

Art.-Nr.	Größe	Zeitraum	Wert in €
-	32 cm	um 1910	**4.000 – 5.000**

184 Handspieltier Kasperl-Bären: Mohair, Pfoten aus Filz, schwarze Schuhknopfaugen, Kopf mit Holzwolle gestopft.

Farbe	Art.-Nr.	Größe	Zeitraum	Wert in €
blond	317	17 cm	1911 – 28	**800 – 1.200**
weiß	317	17 cm	1912 – 17	**1.500 – 1.800**

185

185 Teddy: blonder Mohair, Pfoten/Sohlen aus Filz, schwarze Schuhknopfaugen, 5-fach gegliedert, mit Holzwolle gestopft, Brummstimme.

Art.-Nr.	Größe	Zeitraum	Wert in €
5328,2	40 cm	1912 – 16	**4.000 – 4.500**

186 Teddy 1. von links: blonder Mohair, schwarze Glasaugen, 5-fach gegliedert, mit Holzwolle gestopft.
Teddy 2. von links: blonder Mohair, Pfoten/Sohlen aus Filz, schwarze Glasaugen, 5-fach gegliedert, mit Holzwolle gestopft, Druckstimme.
Teddy 3. von links: blonder Mohair, Sohlen aus Filz, schwarze Glasaugen, 5-fach gegliedert, mit Holzwolle gestopft, Druckstimme, sehr gerade und lange Arme.
Teddy 4. von links: blonder Mohair, Pfoten/Sohlen aus Filz, schwarze Glasaugen, 5-fach gegliedert, mit Holzwolle gestopft, Druckstimme.

Art.-Nr.	Größe	Zeitraum	Wert in €
5310	15 cm	1912 – 22	**800 – 1.000**
5315	22 cm	1917 – 22	**1.400 – 1.800**
5315	22 cm	1912 – 16	**1.200 – 1.400**
5322	32 cm	1912 – 22	**1.800 – 2.200**

186

187 Teddy: dunkelbrauner Mohair, Pfoten/Sohlen aus Filz, schwarze Glasaugen, 5-fach gegliedert, mit Holzwolle gestopft, Brummstimme.

Art.-Nr.	Größe	Zeitraum	Wert in €
5350,2	70 cm	1912 – 16	**12.000 – 14.000**

187

188 Teddy: blonder Kurzmohair, Pfoten/Sohlen aus Filz, schwarze Glasaugen, 5-fach gegliedert, mit Holzwolle gestopft, Brummstimme.

Art.-Nr.	Größe	Zeitraum	Wert in €
5332,2	46 cm	1912 – 16	**2.500 – 3.000**

189 Teddy: blonder Mohair, Pfoten/Sohlen aus Filz, braun-schwarze Glasaugen, 5-fach gegliedert, mit Holzwolle gestopft, Brummstimme.

Art.-Nr.	Größe	Zeitraum	Wert in €
5350,2	70 cm	1912 – 16	**8.000 – 10.000**

188

189

190 Teddy (Schwarzbär): schwarzer Mohair, Pfoten/Sohlen aus Filz, schwarze Schuhknopfaugen ohne Filzunterlage, 5-fach gegliedert, mit Holzwolle gestopft, Brummstimme. Dieser Teddy wurde anlässlich des Untergangs des Passagierdampfers Titanic speziell für England entworfen.

Art.-Nr.	Größe	Zeitraum	Wert in €
5325,2	35 cm	1912 – 17	**20.000 aufwärts**

190

191

192

191 Teddy (Richard-Steiff-Typ): grau-brauner Mohair, Pfoten/Sohlen aus Filz, braun-schwarze Glasaugen, 5-fach gegliedert, mit Holzwolle gestopft, Druckstimme. Kein Katalogbeleg für diese Farbe. Vermutlich ausgeblichenes Dunkelbraun.

Art.-Nr.	Größe	Zeitraum	Wert in €
5322,2	32 cm	1914 – 24	**3.000 – 3.500**

192 Teddy (Richard-Steiff-Typ): grau-brauner Mohair, Pfoten/Sohlen aus Filz, braun-schwarze Glasaugen, 5-fach gegliedert, mit Holzwolle gestopft, Brummstimme. Kein Katalogbeleg für diese Farbe. Vermutlich ausgeblichenes Dunkelbraun.

Art.-Nr.	Größe	Zeitraum	Wert in €
5343,2	60 cm	1914 – 24	**6.000 – 8.000**

193

193 Zottelbär: weißer, gelockter Mohair, Sohlen aus Filz, braun-schwarze Glasaugen, besonders weich gestopft, Druckstimme.

Art.-Nr.	Größe	Zeitraum	Wert in €
1322,01	22 cm	1914 – 27	**1.500 – 2.000**

194 Teddy: dunkelbrauner Mohair, Pfoten/Sohlen aus Filz, braun-schwarze Glasaugen, 5-fach gegliedert, mit Holzwolle gestopft, Brummstimme, Mittelnaht.

Art.-Nr.	Größe	Zeitraum	Wert in €
5332,2	46 cm	1915 – 24	**3.000 – 4.000**

194

195

197

195 Bär Eierwärmer: sitzender Bär in russischer Uniform, beigefarbiger, bemalter Filz, schwarze Glasperlenaugen, Nasenring, Kette und weißes Schildchen mit Aufschrift „Hindenburg".

Art.-Nr.	Größe	Zeitraum	Wert in €
7112	12 cm	1916 – 19	**800 – 1.200**

197 Teddy-Rassel: Mohair, braun-schwarze Glasaugen, 5-fach gegliedert, mit Holzwolle gestopft, rasselnde Glocke im Bauch.

Farbe	Art.-Nr.	Größe	Zeitraum	Wert in €
weiß	5310	15 cm	1920/30er Jahre	**800 – 1.200**
blond	5310	15 cm	1920/30er Jahre	**600 – 800**

196 Bär auf Holzrädern: brauner Kurzplüsch, Sohlen aus Filz, schwarze Glasaugen, mit Holzwolle gestopft, Ziehstimme, rotes Lederhalsband, kleines Stummelschwänzchen.

Art.-Nr.	Größe	Zeitraum	Wert in €
1250,2	50 cm	1921 – 26	**1.500 – 2.000**

196

198

198 Teddy: blonder (messingfarbiger) Mohair, braun-schwarze Glasaugen, 5-fach gegliedert, mit Holzwolle gestopft, Druckstimme.

Art.-Nr.	Größe	Zeitraum	Wert in €
5310	15 cm	1915 – 24	**800. – 1.200**

198 Teddy: blonder (messingfarbiger) Mohair, braun-schwarze Glasaugen, 5-fach gegliedert, mit Holzwolle gestopft, „hug-me"– Druckstimme.

Art.-Nr.	Größe	Zeitraum	Wert in €
5343,1	60 cm	1922 – 26	**12.000 – 14.000**

199

200

199 Gehänge-Bär: brauner Mohair, braun-schwarze Glasaugen, mit Holzwolle gestopft. Der Braunbär diente als Gehänge für Kinderwagen/-bettchen. Gummischnur, Beinring und große Glocke fehlen.

Art.-Nr.	Größe	Zeitraum	Wert in €
1308,02	8 cm	1924 – 42	**1.200 – 1.500**

200 Gehänge-Bär (Teddy): weißer Mohair, braun-schwarze Glasaugen, 5-fach gegliedert, mit Holzwolle gestopft. Der Teddy diente als Gehänge für Kinderwagen/-bettchen. An Gummischnur befestigt, mit Wollbällen und Glocken.

Art.-Nr.	Größe	Zeitraum	Wert in €
5312	12 cm	1924 – 43	**2.500 – 3.000**

201

201 Wippwagen Wiwag: mit Affe (4112,0) aus braunem Filz und Teddy (5310) aus blondem Mohair, braunschwarze Glasaugen, 5-fach gegliedert, mit Holzwolle gestopft. Beim Ziehen des Drahtwagens wippen die beiden Figuren auf und ab.

Art.-Nr.	Größe	Zeitraum	Wert in €
1008	13 cm	1924 – 27	**3.000 – 3.500**

202 Teddy: blonder (messingfarbiger) Mohair, Pfoten/Sohlen aus Filz, braunschwarze Glasaugen, 5-fach gegliedert, mit Kapok gestopft, „hug-me"- Druckstimme.

Art.-Nr.	Größe	Zeitraum	Wert in €
5335,1 K	50 cm	1925 – 26	**8.000 – 10.000**

202

203 Teddy (Happy): braun gespitzter Mohair, Pfoten/ Sohlen aus Filz, braun-schwarze Glasaugen, 5-fach gegliedert, mit Holzwolle gestopft, „hug-me"- Druckstimme, kein Katalognachweis, Vorläufer des Teddy Clowns, nur sehr kleine Stückzahlen.

203

Art.-Nr.	Größe	Zeitraum	Wert in €
–	60 cm	1925 – 27	**20.000 aufwärts**

204

204 Teddy: weißer Mohair, Pfoten/Sohlen aus Filz, braun-schwarze Glasaugen, 5-fach gegliedert, mit Holzwolle gestopft, Brummstimme.

Art.-Nr.	Größe	Zeitraum	Wert in €
5343,2	60 cm	1926 – 30	**8.000 – 10.000**

205

205 Teddy: weißer Mohair, braun-schwarze Glasaugen, 5-fach gegliedert, mit Holzwolle gestopft, Druckstimme. Typisch für die Zeit Ende der 1920er Jahre sind die mit Knopflochstich umkettelten Ohrenkanten.

Art.-Nr.	Größe	Zeitraum	Wert in €
5315	22 cm	1926 – 30	**1.000 – 1.400**

207

207 Teddy: dunkelbrauner Mohair, Pfoten/Sohlen aus Filz, braun-schwarze Glasaugen, 5-fach gegliedert, mit Holzwolle gestopft, Brummstimme.

Art.-Nr.	Größe	Zeitraum	Wert in €
5350,2	70 cm	1926 – 30	**12.000 – 14.000**

206

206 Teddy: blonder Mohair, Pfoten/Sohlen aus Filz, braun-schwarze Glasaugen, 5-fach gegliedert, mit Holzwolle gestopft, Brummstimme.

Art.-Nr.	Größe	Zeitraum	Wert in €
5335,2	50 cm	1926 – 30	**2.500 – 3.000**

208

208 Teddy auf Uhrwerk-Fahrzeug (Urteddy): blonder Mohair, Pfoten/Sohlen aus Filz, braun-schwarze Glasaugen, Kopf drehbar, mit Holzwolle gestopft, stabiles Uhrwerk zum Aufziehen, 4 rote Holzräder, Lenkeinschlag möglich durch verstellbare Vorderachse. Teddy macht beim Fahren Wippbewegungen nach vorne und hinten.

Art.-Nr.	Größe	Zeitraum	Wert in €
9320	20 cm	1926 – 29	**20.000 aufwärts**

209

209 Tier-Handtasche Bär: brauner Mohair, Sohlen aus Filz, braun-schwarze Glasaugen, mit Holzwolle gestopft, Reißverschluss am Rücken zur Öffnung der gefütterten Innentasche.

Art.-Nr.	Größe	Zeitraum	Wert in €
1317 P	17 cm	1927 – 35	**1.500 – 1.800**

210

210 Record Teddy: goldfarbener Mohair (orange gespitzt), Pfoten/Sohlen aus Filz, braun-schwarze Glasaugen, Kopf drehbar, mit Holzwolle gestopft. Teddy mit Halskrause sitzt auf Selbstfahrer. Durch Ziehen des Fahrgestells macht der Teddy rudernde Bewegungen nach vorne und hinten, dabei ertönt die selbsttätige Stimme (Blasebalg) die am Ende des Fahrzeuggestells befestigt ist.

Art.-Nr.	Größe	Zeitraum	Wert in €
320	20 cm	1927 – 30	**8.000 – 10.000**

211

211 Teddy Petsy: braun gespitzter Langmohair, Pfoten/Sohlen aus Filz, blau-schwarze Schielaugen, 5-fach gegliedert, weiche Stopfung, Brummstimme, große, verstellbare Ohren durch eingearbeiteten Biegedraht.

Art.-Nr.	Größe	Zeitraum	Wert in €
5335,2	53 cm	1928 – 30	**12.000 – 15.000**

212 Musik-Teddy Petsy: braun gespitzter Mohair, Pfoten/Sohlen aus Filz, blau-schwarze Glasaugen, 5-fach gegliedert, Kapok/Holzwolle gestopft, Schweizer Musikdrückerwerk, große, verstellbare Ohren durch eingearbeiteten Biegedraht.

Art.-Nr.	Größe	Zeitraum	Wert in €
5320,3	30 cm	1928 – 30	**15.000 – 18.000**

212

213

213 Teddy-Clown: braun gespitzter Mohair, Pfoten/Sohlen aus Filz, braun-schwarze Glasaugen, 5-fach gegliedert, mit Holzwolle gestopft, Druckstimme, Clownhut aus Filz, Halskrause.

Art.-Nr.	Größe	Zeitraum	Wert in €
5315	22 cm	1928 – 30	**8.000 – 10.000**

214

214 Teddys: Mohair, schwarze Glasaugen, 5-fach gegliedert, mit Holzwolle gestopft. In den Steiff Katalogen wird neben Blond und Weiß nur die Farbe Dunkelbraun mit schwarzer Nasengarnierung angeboten. Ungewöhnlich ist der zimtfarbige Teddy mit brauner Nasengarnierung, für den es keinen Katalognachweis gibt.

Farbe	Art.-Nr.	Größe	Zeitraum	Wert in €
weiß	5307	10 cm	1922 – 29	**700 – 900**
blond	5307	10 cm	1922 – 26	**500 – 700**
blond	5310	10 cm	1935 – 43	**500 – 700**
zimt	-	10 cm	1933 – 43	**1.200 – 1.500**

215 Teddy Baby: maisfarbiger Mohair, Schnauze/Fußrücken aus Kurzmohair, Pfoten/Sohlen aus Filz, braun-schwarze Glasaugen, 5-fach gegliedert, mit Holzwolle gestopft, Druckstimme, geschlossener Mund, flache Fußsohlen mit Pappeinlage. In diesem außergewöhnlich schönen, unbespielten Bestzustand mit allen Identifikationsmerkmalen ist der unten angegebene Wert wesentlich höher anzusetzen.

Art.-Nr.	Größe	Zeitraum	Wert in €
6328,2	38 cm	1929 – 32	**3.000 – 4.000**

215

216

216 Teddy Babys: beigefarbiger Mohair, Schnauze/Fußrücken aus Kurzmohair, Pfoten/Sohlen aus Filz, braun-schwarze Glasaugen, 5-fach gegliedert, mit Holzwolle gestopft, Druckstimme, geschlossener Mund, flache Fußsohlen mit Pappeinlage, blaues oder rotes Halsband mit silberfarbigen Nieten und 2 Steiffknöpfen.

Art.-Nr.	Größe	Zeitraum	Wert in €
6315	20 cm	1929 – 32	**2.500 – 2.800**

217 Teddy Baby: maisfarbiger Mohair, Schnauze/Füße aus Samt, braun-schwarze Glasaugen, 5-fach gegliedert, mit Holzwolle gestopft. Das abgebildete Teddy Baby lässt sich wegen seiner Identifikationsmerkmale und der gut lesbaren Artikelnummer exakt auf das Jahr 1934 datieren. In diesem außergewöhnlich schönen, unbespielten Bestzustand mit allen Identifikationsmerkmalen ist der unten angegebene Wert wesentlich höher anzusetzen.

Art.-Nr.	Größe	Zeitraum	Wert in €
7307	9 cm	1930 – 34	**700 – 800**
7309	9 cm	1934 – 43	**600 – 700**

218 Teddy Baby: gelber Mohair, Schnauze/Fußrücken aus Kurzmohair, Pfoten/Sohlen aus Filz, braun-schwarze Glasaugen, 5-fach gegliedert, mit Holzwolle gestopft, Druckstimme, geschlossener Mund, Konturen des Mundes blau eingefärbt, flache Fußsohlen mit Pappeinlage. In dieser Farbe extrem selten, nicht zu verwechseln mit den maisfarbenen Teddy Babys.

Art.-Nr.	Größe	Zeitraum	Wert in €
6333,2	43 cm	1929 – 32	**4.000 – 6.000**

219

220

221

219 Teddy Baby: weißer Mohair, Schnauze/Fußrücken aus Kurzmohair, offener Mund/Pfoten/Sohlen aus Filz, braun-schwarze Glasaugen, 5-fach gegliedert, mit Holzwolle gestopft, Druckstimme, seltene Farbe.

Art.-Nr.	Größe	Zeitraum	Wert in €
7317	22 cm	1930 – 33	**2.000 – 2.500**

220 Teddy Baby: brauner Mohair, Schnauze/Fußrücken aus beigefarbigem Kurzmohair, offener Mund/Pfoten/Sohlen aus Filz, braun-schwarze Glasaugen, 5-fach gegliedert, mit Holzwolle gestopft, Druckstimme, flache Fußsohlen mit Pappeinlage.

Art.-Nr.	Größe	Zeitraum	Wert in €
7320/7325	25 cm	1930 – 36	**1.800 – 2.400**

221 Teddy Baby Nachthemdentasche: Teddy Baby Kopf aus weißem Mohair, Schnauze aus Kurzmohair, offener Mund aus Filz, braun-schwarze Glasaugen, Kopf mit Holzwolle gestopft. Tasche aus rosa Mohair, hellblaues Seidenfutter, mit Druckknöpfen verschließbar.

Art.-Nr.	Größe	Zeitraum	Wert in €
1230	30 x 30 cm	1930 – 35	**3.000 – 3.500**

222

222 Schnappglieder Teddy Baby: beigefarbiger Mohair, Schnauze/Fußrücken aus Kurzmohair, offener Mund aus Filz mit eingebautem Scharnier, lässt sich stufenlos verstellen von fast geschlossen bis sehr weit geöffnet. Pfoten/Sohlen aus Samt, braun-schwarze Glasaugen, Arme gegliedert, Beine sind über Schnappgliedermechanismus nach vorne hochklappbar, Druckstimme, flache Fußsohlen mit Pappeinlage, Halsmechanik: Kopf lässt sich über Schwanzfeder drehen. Musterentwurf, der nicht in Serie ging.

Art.-Nr.	Größe	Zeitraum	Wert in €
-	30 cm	1931 – 36	**20.000 aufwärts**

223 Schnappglieder Teddy Baby: beigefarbiger Mohair, Schnauze aus Kurzmohair, offener Mund aus Filz mit eingebautem Scharnier, lässt sich stufenlos verstellen von fast geschlossen bis sehr weit geöffnet. Pfoten/Sohlen aus Samt, braun-schwarze Glasaugen, Arme gegliedert, Beine sind über Schnappgliedermechanismus nach vorne hochklappbar. Druckstimme, flache Fußsohlen mit Pappeinlage. Zwei separate, hochklappbare Daumen mit eingebauten Scharnieren, große separate Zehen. Kopf lässt sich über Schwanzfeder drehen. Musterentwurf, der nicht in Serie ging.

Art.-Nr.	Größe	Zeitraum	Wert in €
-	25 cm	1931 – 36	**20.000 aufwärts**

223

224

224 Dicky Bär Teddy: blonder Mohair, Schnauze aus beigefarbigem Kurzmohair, bemalte Pfoten/Sohlen aus Samt, braun-schwarze Glasaugen, 5-fach gegliedert, mit Holzwolle gestopft, Druckstimme.

Art.-Nr.	Größe	Zeitraum	Wert in €
5317,2	25 cm	1930 – 33	**3.000 – 3.500**
5325,2	25 cm	1934 – 36	**2.500 – 3.000**

225

225 Bär auf Holzrädern: Reitbär aus braunem Mohair, Schnauze aus beigefarbigem Kurzmohair, Sohlen aus Filz, braun-schwarze Glasaugen, mit Holzwolle gestopft, Ziehstimme, Lederhalsband, Ziehschnur.

Art.-Nr.	Größe	Zeitraum	Wert in €
1350,2	50 cm	1933 – 43	**1.200 – 1.500**

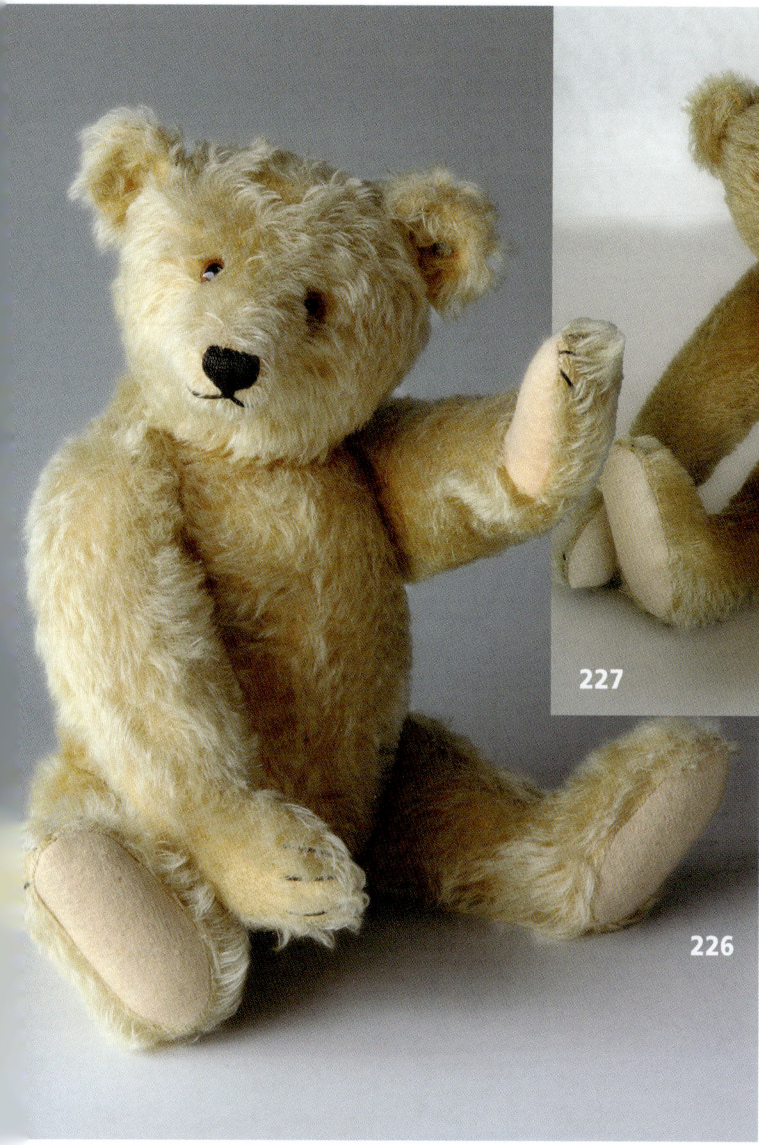
226

227

226 Teddy: blonder Mohair, Pfoten/Sohlen aus Filz, braun-schwarze Glasaugen, 5-fach gegliedert, mit Holzwolle gestopft, Brummstimme. Der abgebildete Teddy lässt sich wegen seiner Identifikationsmerkmale und seiner Größe exakt auf das Jahr 1934 datieren.

Art.-Nr.	Größe	Zeitraum	Wert in €
5343,2	43 cm	1934 – 43	**2.000 – 2.500**

227 Teddy: blonder Mohair, Pfoten/Sohlen aus Filz, braun-schwarze Glasaugen, 5-fach gegliedert, mit Holzwolle gestopft, Druckstimme, enge Augenstellung. Der abgebildete Teddy stammt aus der Zeit Anfang 1930er Jahre.

Art.-Nr.	Größe	Zeitraum	Wert in €
5320,1/5330,2	30 cm	1926 – 43	**1.500 – 1.800**

228

228 Teddy Purzelbär: Überschlagteddy aus blondem Mohair, Pfoten/Sohlen aus Filz, braunschwarze Glasaugen, Kopf drehbar, Beine gegliedert, mit Holzwolle gestopft, Arme besonders lang und gerade, Uhrwerk für die Überschlagfunktion wird über die Arme aufgezogen, hohes Gewicht.

Art.-Nr.	Größe	Zeitraum	Wert in €
9318	24 cm	1934 – 35	**3.000 – 3.500**
9323	30 cm	1934 – 35	**3.500 – 4.000**

229 Brummbär: brauner Mohair, Schnauze/Sohlen aus beigefarbigem Kurzmohair, braunschwarze Glasaugen, mit Holzwolle gestopft, „hug-me"- Druckstimme.

Art.-Nr.	Größe	Zeitraum	Wert in €
1317,02	17 cm	1934 – 43	**1.800 – 2.200**
1325,02	25 cm	1934 – 42	**2.000 – 2.400**
1332,02	32 cm	1934 – 35	**2.500 – 3.000**

229

230

231

230 Zirkus-Bär: brauner Mohair, Schnauze aus beigefarbigem Kurzmohair, Pfoten/Sohlen aus Filz, braun-schwarze Glasaugen, Arme gegliedert, Beine über Schnappgliedermechanismus nach vorne hochklappbar, mit Holzwolle gestopft, Druckstimme, flache Fußsohlen mit Pappeinlage, Halsmechanik: Kopf lässt sich über Schwanzfeder drehen.

Art.-Nr.	Größe	Zeitraum	Wert in €
8332 H	32 cm	1935 – 39	**4.000 - 4.500**

231 Puppbär: maisfarbiger Mohair, Schnauze/Pfotenrücken/Fußrücken aus weißem Mohair, offener Mund aus Filz, Körper/Pfoten/Sohlen/Schlenkerarme/Beine aus beigefarbigem Raustoff, braun-schwarze Glasaugen, mit Holzwolle gestopft, Druckstimme, flache Fußsohlen mit Pappeinlage. Original Winterkleidung mit roter Bluse, karierter Hose und Schal. Diesen Puppbären gab es mit vielen unterschiedlichen Bekleidungen.

Art.-Nr.	Größe	Zeitraum	Wert in €
22,7	22 cm	1933 – 42	**1.200 - 1.500**

232

233

232 Teddys: Mohair, braun-schwarze Glasaugen, 5-fach gegliedert, mit Holzwolle gestopft, Druckstimme.

Farbe	Art.-Nr.	Größe	Zeitraum	Wert in €
blond	5320	20 cm	1934 – 43	**700 - 900**
weiß	5320	20 cm	1934 – 43	**900 - 1.200**
dkl.-braun	5320	20 cm	1938 – 43	**900 - 1.200**

233 Teddy: dunkelbrauner Mohair, Pfoten/Sohlen aus Filz, braun-schwarze Glasaugen, 5-fach gegliedert, mit Holzwolle gestopft, Brummstimme.

Art.-Nr.	Größe	Zeitraum	Wert in €
5350,2	50 cm	1936 – 42	**3.500 - 3.800**

234 Roly-Bär: Stehauf-Teddy, hellbrauner Mohair, Schnauze aus beigefarbigem Kurzmohair, offener Mund aus Filz, braun-schwarze Glasaugen, Schlenkerärmchen, weich/Holzwolle gestopft.

Art.-Nr.	Größe	Zeitraum	Wert in €
320	20 cm	1937 – 42	**3.000 - 3.500**

235 Panda Teddy: weißer Mohair mit schwarzer Einfärbung, Pfoten/Sohlen aus grauem Raustoff, offener Mund aus Filz, braun-schwarze Glasaugen, 5-fach gegliedert, mit Holzwolle gestopft, Druckstimme.

Art.-Nr.	Größe	Zeitraum	Wert in €
5330,2	30 cm	1938 – 42	**3.000 - 3.500**
5330,2	30 cm	1949 – 50	**2.000 - 2.200**

236 Teddy: beigefarbiger Wollplüsch, Pfoten/Sohlen aus Filz, braun-schwarze Glasaugen, 5-fach gegliedert, mit Holzwolle gestopft, Brummstimme.

Art.-Nr.	Größe	Zeitraum	Wert in €
-	50 cm	Ende 1930er/Anf. 1940er Jahre	**2.500 - 3.000**

237

237 Teddy: brauner Wollplüsch, Pfoten/Sohlen aus Filz, braunschwarze Glasaugen, 5-fach gegliedert, mit Holzwolle gestopft, Druckstimme, sehr selten.

Art.-Nr.	Größe	Zeitraum	Wert in €
-	35 cm	Ende 1930er/Anfang 1940er Jahre	**1.800 – 2.200**

238

238 Teddys: blonder Mohair, Pfoten/Sohlen aus Filz, braun-schwarze Glasaugen, 5-fach gegliedert, mit Holzwolle gestopft, Druckstimme. Sofa ebenfalls von Steiff, 1910/20er Jahre.

Art.-Nr.	Größe	Zeitraum	Wert in €
5335,2	35 cm	1934 – 43	**1.000 – 1.500**
5325,2	25 cm	1949 – 50	**500 – 700**

239

239 Teddy: weißer, kurzfloriger Kunstseidenplüsch, Pfoten/Sohlen aus Filz, braun-schwarze Glasaugen, 5-fach gegliedert, mit Holzwolle gestopft, Druckstimme.

Art.-Nr.	Größe	Zeitraum	Wert in €
5625,2	25 cm	Anf. 1940er Jahre	**1.000 – 1.400**

240

240 Teddy links: dunkelbrauner, kurzfloriger Kunstseidenplüsch, Pfoten/Sohlen aus weichem, wollähnlichem Tweed; braun-schwarze Glasaugen, 5-fach gegliedert, mit Holzwolle gestopft, Druckstimme.

Teddys Mitte und rechts: blonder Kunstseidenplüsch, Pfoten/Sohlen aus Filz (gab es auch aus Leinen), braun-schwarze Glasaugen, 5-fach gegliedert, mit Holzwolle gestopft, Druckstimme.

Farbe	Art.-Nr.	Größe	Zeitraum	Wert in €
dkl.-braun	5630,2	30 cm	Anf. 1940er Jahre	**1.000 - 1.200**
blond	5630,2	30 cm	1948 – 50	**400 - 600**
blond	5635,2	35 cm	1948 – 50	**500 - 700**

241

241 Werfpuppe Bär links: Kopf/Pfotenrücken/Fußrücken aus braunem Kunstseidenplüsch, Schnauze aus maisfarbigem Kunstseidenplüsch, offener Mund aus Filz, gab es mit braun-schwarzen Glasaugen und mit schwarzen Schuhknopfaugen, Körper/Schlenkerarme/Schlenkerbeine aus Viskose-Feinrippstoff, weich gestopft, Originalkleidchen.

Art.-Nr.	Größe	Zeitraum	Wert in €
625	25 cm	1942/43	**800 - 1.200**

241 Wollminiatur Braunbär: dunkelbraune Nomottawolle, Ohren aus braunem Filz, Schnauze aus beigefarbiger Nomottawolle, schwarze Glasaugen, biegsames Drahtgerippe.

Art.-Nr.	Größe	Zeitraum	Wert in €
1507,0	7 cm	1935 – 40	**800 – 1.000**

241 Teddy Baby rechts: brauner Kunstseidenplüsch, Schnauze/Fußrücken aus beigefarbigem Kurzmohair, Pfoten/Sohlen aus Filz, braun-schwarze Glasaugen, 5-fach gegliedert, mit Holzwolle gestopft, Druckstimme, flache Fußsohlen mit Pappeinlage, rotes Kunstlederhalsband mit Glocke.

Farbe	Art.-Nr.	Größe	Zeitraum	Wert in €
dunkelbraun	7630,2	30 cm	1949 – 50	**800 – 1.200**
blond/salmblond	7630,2	30 cm	1948 – 50	**500 – 700**

242 Teddy links: Mohair, braun-schwarze Glasaugen, 5-fach gegliedert, mit Holzwolle gestopft, 1950er Jahre Knopf, US-Zonenfahne, Vorkriegsform.
Teddy rechts: Mohair, Pfoten/Sohlen aus Filz, braun-schwarze Glasaugen, (Farbe abgeblättert), 5-fach gegliedert, mit Holzwolle gestopft, Druckstimme, blanker Knopf, US-Zonenfahne, Vorkriegsform.

Farbe	Art.-Nr.	Größe	Zeitraum	Wert in €
dkl.-braun	5315	15 cm	1950	**600 – 800**
blond	5325,2	25 cm	1949	**500 – 700**

242

Anmerkung: Bei den nachfolgenden Steiff Teddybären wurde in den Tabellen auf die Spalte „Größe" verzichtet, da sich die Stehhöhe aus der 4-stelligen Artikelnummer ergibt (3. + 4. Ziffer). Ab 1968 führt die Firma Steiff ein neues Nummernsystem mit Schrägstrich ein. Die ersten vier Ziffern sind die Artikelnummer des Teddys, wobei daraus die Stellung (z.B. stehend, liegend, sitzend, gegliedert usw.) bzw. die Stoffart nicht abgelesen werden kann, da es sich nicht mehr um eine so genannte „sprechende" Artikelnummer handelt. Die zwei weiteren Ziffern hinter dem Schrägstrich bedeuten die Stehgröße des Teddys in Zentimetern.

243 Teddy Babys: für alle Größen gilt: mais-/honigfarbiger oder dunkelbrauner Mohair, braun-schwarze Glasaugen, 5-fach gegliedert mit Holzwolle gestopft. 9 cm Größe: geschlossene Schnauze/Füßchen aus Samt. 22 – 40 cm Größe: Schnauze/Fußrücken aus kurzem Mohair, offener Mund/Pfoten/Sohlen aus Filz, Druckstimme, flache Fußsohlen mit Pappeinlage. Ab Mitte der 1950er Jahre Pfoten/Sohlen aus wildlederähnlichem Gummimaterial.

Art.-Nr.	Zeitraum	Farbe	Wert in €	Farbe	Wert in €
7309	1949 – 57	mais/honig	**280 – 320**	dunkelbraun	**320 – 360**
7322	1949 – 53	mais/honig	**450 – 500**	dunkelbraun	**500 – 600**
7322,2	1954 – 57	mais/honig	**400 – 450**	dunkelbraun	**450 – 500**
7328,2	1951 – 57	mais/honig	**650 – 700**	dunkelbraun	**700 – 750**
7330,2	1949 – 50	mais/honig	**750 – 900**	dunkelbraun	**800 – 1.200**
7340,2	1949 – 57	mais/honig	**1.600 – 2.000**	dunkelbraun	**1.800 – 2.200**

244 Teddy Baby Handspieltier links: dunkelbrauner Mohair, Schnauze aus beigefarbigem Mohair, offener Mund/Pfoten aus Filz, braunschwarze Glasaugen, Kopf mit Holzwolle gestopft. 1949 auch in Seidenplüsch (Artikel-Nr. 617).

Art.-Nr.	Zeitraum	Wert in €
317	1949 – 67	**150 – 180**
6560/17	1968 – 78	**100 – 140**

244 Seebär Handspieltier rechts: goldgelber Mohair, Pfoten aus Trevirasamt, weißschwarze Kunststoffaugen, schwarze Kunststoffnase, Kopf fest gestopft. Mütze aus dunkelblauem Filz mit schwarzem Kunststoffschild. Copyr. Wolfgang Buresch 1971.

Art.-Nr.	Zeitraum	Wert in €
7078/17	1972 – 75	**80 – 120**

245 Eisbären auf vier Füßen stehend: für alle drei Größen gilt: weißer Mohair, Schnauze aus Kurzmohair, Sohlen aus Filz, mit Holzwolle gestopft, Lederhalsband mit Glocke. 12 cm Größe: Kopf drehbar, schwarze Glasaugen. 17 und 22 cm Größe: blau-schwarze Glasaugen, Druckstimme.

Art.-Nr.	Zeitraum	Wert in €
1312,0	1950 – 58	**100 - 140**
1312,04	1959 – 67	**80 - 120**
0460/12	1968 – 72	**80 - 120**
1317,0	1952 – 53	**140 - 180**
1317,02	1954 – 58	**100 - 140**
1317,04	1959 – 67	**100 - 140**
0460/17	1968 – 72	**100 - 140**
1325,01	1952 – 53	**280 - 320**
1325,02	1954 – 58	**250 - 300**
1325,04	1959 – 61	**250 - 300**

245

246

246 Panda auf vier Füßen stehend: schwarzweißer Mohair, Schnauze aus weißem Kurzmohair, Sohlen aus Filz, braun-schwarze Glasaugen, mit Holzwolle gestopft, Lederhalsband mit Glocke.

Art.-Nr.	Zeitraum	Wert in €
1312,0	1955 – 58	**120 - 160**

246 Jungbär auf vier Füßen stehend: für alle Größen gilt: carmelfarbiger Mohair, Sohlen aus Filz, braun-schwarze Glasaugen, mit Holzwolle gestopft, Lederhalsband mit Glocke. 12 cm Größe: Kopf drehbar, ab 17 cm Größe: Druckstimme.

Art.-Nr.	Zeitraum	Wert in €
1312,0	1950 – 58	**80 - 120**
1312,02	1959 – 67	**60 - 100**
0400/12	1968 – 72	**60 - 100**
1317,0	1952 – 53	**100 - 140**
1317,02	1954 – 67	**80 - 120**
0400/17	1968 – 72	**80 - 120**
1325,01	1952 – 53	**200 - 250**
1325,02	1954 – 66	**180 - 220**

247 Teddyli Puppbären Mädchen (M) und Bub (B): Kopf/Pfotenrücken/Fußrücken aus dunkelbraunem Mohair, Schnauze aus beigefarbigem Kurzmohair, offener Mund aus Filz, braun-schwarze Glasaugen, Kopf drehbar, mit Holzwolle gestopft, Körper/Pfoten/Sohlen/Schlenkerarme/Beine aus beigefarbigem Raustoff, Druckstimme, flache Fußsohlen mit Pappeinlage. Original Kleidung aus Filz und Baumwollstoff.

Art.-Nr.	Zeitraum	Wert in €
325 B	1950 – 57	**800 - 1.200**
325 M	1950 – 57	**800 - 1.200**

248 Teddyli Puppbären Mädchen und Bub: Kopf aus maisfarbigem Wollplüsch, Schnauze/ Pfotenrücken/Fußrücken aus weißem Wollplüsch, offener Mund aus Filz, braun-schwarze Glasaugen, Kopf drehbar, mit Holzwolle gestopft, Körper/Pfoten/ Sohlen/Schlenkerarme/ Beine aus beigefarbigem Raustoff, Druckstimme, flache Fußsohlen mit Pappeinlage. Original Kleidung aus Filz und Baumwollstoff.

Art.-Nr.	Zeitraum	Wert in €
525 B	1951 – 54	**700 - 1.100**
525 M	1951 – 54	**700 - 1.100**

249 Original Teddys: Mohair, schwarze Glasaugen, 5-fach gegliedert, mit Holzwolle gestopft.

Farbe	Art.-Nr.	Zeitraum	Art.-Nr.	Zeitraum	Wert in €
gold	5310	1951 – 58	5310,01	1959 – 64	**140 - 180**
caramel	5310	1951 – 58	5310,02	1959 – 64	**100 - 140**
braun	5310	1951 – 58	5310,03	1959 – 64	**160 - 200**
weiß	5310	1951 – 58	5310,04	1959 – 64	**200 - 250**
schwarz	5310,96	nur 1953	-	-	**1.500 - 1.800**

Anmerkung: Generell gilt für die Original Teddys (Modell 1951 – 66): Ab einer Teddygröße von 22 cm werden im Zeitraum zwischen 1951 und 1958 an die 4-stellige Artikelnummer ein Komma und die Ziffer „2" angefügt. Dies bedeutet, dass der Teddy eine Stimme hat. Zwischen 1959 und 1966 folgen auf die 4-stellige Artikelnummer ein Komma und zwei Ziffern, diese bedeuten die Farbe des Plüsches: ,01 = gold; ,02 = caramel; ,03 = braun; ,04 = weiß.

250

251 Original Teddys: Mohair, Pfoten/Sohlen aus Filz, braun-schwarze Glasaugen, 5-fach gegliedert, mit Holzwolle gestopft, Druckstimme.

Farbe	Art.-Nr.	Zeitraum	Art.-Nr.	Zeitraum	Wert in €
gold	5322	1951 – 58	5322,01	1959 – 65	**160 - 200**
caramel	5322	1951 – 58	5322,02	1959 – 66	**120 - 160**
braun	5322	1951 – 58	5322,03	1959 – 64	**180 - 220**
weiß	5322	1951 – 58	5322,04	1959 – 64	**240 - 280**

251 Original Teddys: Mohair, Pfoten/Sohlen aus Filz, braun-schwarze Glasaugen, 5-fach gegliedert, mit Holzwolle gestopft, Druckstimme.

Farbe	Art.-Nr.	Zeitraum	Art.-Nr.	Zeitraum	Wert in €
gold	5325	1951 – 58	5325,01	1959 – 66	**160 - 200**
caramel	5325	1951 – 58	5325,02	1959 – 66	**120 - 160**
braun	5325	1951 – 58	5325,03	1959 – 64	**180 - 220**
weiß	5325	1951 – 58	5325,04	1959 – 64	**240 - 280**

251 Original Teddys: Mohair, Pfoten/Sohlen aus Filz, braun-schwarze Glasaugen, 5-fach gegliedert, mit Holzwolle gestopft, Druckstimme.

Farbe	Art.-Nr.	Zeitraum	Art.-Nr.	Zeitraum	Wert in €
gold	5328	1951 – 58	5328,01	1959 – 65	**180 - 220**
caramel	5328	1951 – 58	5328,02	1959 – 66	**140 - 180**
braun	5328	1951 – 58	5328,03	1959 – 64	**200 - 240**
weiß	5328	1951 – 58	5328,04	1959 – 64	**260 - 300**

251 Original Teddys: Mohair, Pfoten/Sohlen aus Filz, braun-schwarze Glasaugen, 5-fach gegliedert, mit Holzwolle gestopft, 1965/66 Brummstimme, davor Druckstimme.

Farbe	Art.-Nr.	Zeitraum	Art.-Nr.	Zeitraum	Wert in €
gold	5335	1951 – 58	5335,01	1959 – 66	**180 - 220**
caramel	5335	1951 – 58	5335,02	1959 – 66	**140 - 180**
braun	5335	1951 – 58	5335,03	1959 – 64	**200 - 240**
weiß	5335	1951 – 58	5335,04	1959 – 64	**260 - 300**
schwarz	5335,96	nur 1953	-		**2.000 - 2.500**

250 Original Teddys: Mohair, braun-schwarze Glasaugen, 5-fach gegliedert, mit Holzwolle gestopft.

Farbe	Art.-Nr.	Zeitraum	Art.-Nr.	Zeitraum	Wert in €
gold	5315	1951 – 58	5315,01	1959 – 66	**120 - 160**
caramel	5315	1951 – 58	5315,02	1959 – 66	**80 - 120**
braun	5315	1951 – 58	5315,03	1959 – 64	**140 - 180**
weiß	5315	1951 – 58	5315,04	1959 – 64	**180 - 220**
schwarz	5315,96	nur 1953	-		**1.500 - 1.800**

250 Original Teddys: Mohair, Sohlen aus Filz, braun-schwarze Glasaugen, 5-fach gegliedert, mit Holzwolle gestopft, gab es mit und ohne Druckstimme.

Farbe	Art.-Nr.	Zeitraum	Art.-Nr.	Zeitraum	Wert in €
gold	5318	1954 – 58	5318,01	1959 – 64	**140 - 180**
caramel	5318	1954 – 58	5318,02	1959 – 65	**100 - 140**
braun	5318	1954 – 58	5318,03	1959 – 64	**160 - 200**
weiß	5318	1954 – 58	5318,04	1959 – 64	**200 - 250**

251

252

STEIFF-ORIGINAL-MARKE
Original Teddy
STEIFF-ORIGINAL-MARKE
Original Teddy

252 Original Teddys: Mohair, Pfoten/Sohlen aus Filz, braun-schwarze Glasaugen, 5-fach gegliedert, mit Holzwolle gestopft, 1965/66 Brummstimme, davor Druckstimme.

Farbe	Art.-Nr.	Zeitraum	Art.-Nr.	Zeitraum	Wert in €
gold	5340	1956 – 58	5340,01	1959 – 66	**220 - 260**
caramel	5340	1956 – 58	5340,02	1959 – 66	**180 - 220**
braun	5340	1956 – 58	5340,03	1959 – 64	**240 - 280**
weiß	5340	1956 – 58	5340,04	1959 – 64	**300 - 350**

252 Original Teddys: Mohair, Pfoten/Sohlen aus Filz, braun-schwarze Glasaugen, 5-fach gegliedert, mit Holzwolle gestopft, Brummstimme.

Farbe	Art.-Nr.	Zeitraum	Art.-Nr.	Zeitraum	Wert in €
gold	5343	1951 – 58	5343,01	1959 – 66	**220 - 260**
caramel	5343	1951 – 58	5343,02	1959 – 66	**180 - 220**
braun	5343	1951 – 58	5343,03	1959 – 64	**240 - 280**
weiß	5343	1951 – 58	5343,04	1959 – 64	**300 - 350**

253

253 Original Teddy: Mohair, Pfoten/Sohlen aus Filz, braun-schwarze Glasaugen, 5-fach gegliedert, mit Holzwolle gestopft, Brummstimme.

Farbe	Art.-Nr.	Zeitraum	Art.-Nr.	Zeitraum	Wert in €
gold	5350	1951 – 58	5350,01	1959 – 66	**600 - 700**
caramel	5350	1951 – 58	5350,02	1959 – 66	**500 - 600**
braun	5350	1951 – 58	5350,03	1959 – 64	**800 - 1.000**
weiß	5350	1951 – 58	5350,04	1959 – 64	**1.000 - 1.400**

254

254 Original Teddy: Mohair, Pfoten/Sohlen aus Filz, braun-schwarze Glasaugen, 5-fach gegliedert, mit Holzwolle gestopft, Brummstimme.

Farbe	Art.-Nr.	Zeitraum	Art.-Nr.	Zeitraum	Wert in €
gold	5365	1951 – 58	5365,01	1959 – 65	**800 - 1.000**
caramel	5365	1951 – 58	5365,02	1959 – 66	**700 - 900**
braun	5365	1951 – 58	5365,03	1959 – 64	**1.200 - 1.400**
weiß	5365	1951 – 58	5365,04	1959 – 64	**1.400 - 1.800**

255

255 Original Teddy: Mohair, Pfoten/Sohlen aus Filz, braun-schwarze Glasaugen, 5-fach gegliedert, mit Holzwolle gestopft, Brummstimme, flache Fußsohlen mit Pappeinlage.

Farbe	Art.-Nr.	Zeitraum	Art.-Nr.	Zeitraum	Wert in €
gold	5375	1951 – 58	5375,01	1959 – 65	**1.600 – 2.000**
caramel	5375	1951 – 58	5375,02	1959 – 66	**1.200 – 1.400**
braun	5375	1951 – 58	5375,03	1959 – 64	**1.800 – 2.200**
weiß	5375	1951 – 58	5375,04	1959 – 64	**2.800 – 3.200**
schwarz	5375,96	nur 1953	-		**20.000 aufwärts**

256

257 Teddys Zotty (Zottelbär): caramelfarbiger, gespitzter Mohair mit gelber Brust, Schnauze aus Kurzmohair, offener Mund/Pfoten/Sohlen aus Filz, braun-schwarze Glasaugen, 5-fach gegliedert, weich gestopft, bis 35 cm Druckstimme, ab 43 cm Brummstimme. Die 4-stelligen Artikelnummern 63..,1 bzw. 63..,2 gibt es ebenfalls mit ,00 (17 cm bis 50 cm nur 1959) und ,02 (17 cm 1960 – 61; 18 cm 1963 – 67; 22 cm bis 50 cm 1960 – 67). Art.-Nr. 0309/08 = 80 cm, Art.-Nr. 0309/10 = 100 cm.

Art.-Nr.	Zeitraum	Art.-Nr.	Zeitraum	Wert in €
6317,1	1952 – 62	-	-	**60 - 80**
6318,02	1963 – 67	0300/18	1968 – 75	**60 - 80**
6322,1	1952 – 67	0300/22	1968 – 78	**70 - 90**
6328,1	1951 – 67	0300/28	1968 – 78	**80 - 120**
6335,1	1951 – 67	0300/35	1968 – 78	**100 - 140**
6343,2	1951 – 67	0300/43	1968 – 78	**140 - 180**
6350,2	1951 – 67	0300/50	1968 – 77	**300 - 350**
-	-	0309/08	nur 1967	**600 - 800**
-	-	0309/10	nur 1967	**800 - 1.200**

257

256 Turbo Teddy Purzelbär: caramelfarbiger Mohair, Pfoten/Sohlen aus Filz, braun-schwarze Glasaugen, mit Holzwolle gestopft, Uhrwerk im Körper für die Überschlagfunktion wird über die Arme aufgezogen.

Art.-Nr.	Zeitraum	Wert in €
9315,4	nur 1951	**1.800 - 2.200**

258

258 Pandas Indische Bambusbären: schwarz-weißer Mohair, Schnauze/Fußrücken aus Kurzmohair, offener Mund/Pfoten/Sohlen aus Filz, ab Mitte der 1950er Jahre werden die Filzpfoten und -sohlen durch wildlederähnliches Gummimaterial ersetzt, braun-schwarze Glasaugen, 5-fach gegliedert, mit Holzwolle gestopft, ab 22 cm Druckstimme, flache Fußsohlen mit Pappeinlage.

Art.-Nr.	Zeitraum	Art.-Nr.	Zeitraum	Art.-Nr.	Zeitraum	Wert in €
5315	1951 – 58	-	-	5315,00	1959 – 61	**300 - 350**
5322	1951 – 53	5322,2	1954 – 58	5322,00	1959 – 61	**350 - 400**
-	-	5328,2	1951 – 56	-	-	**400 - 500**
-	-	5335,2	1951 – 58	5335,00	1959 – 61	**500 - 600**
-	-	5343,2	1951 – 56	-	-	**800 - 1.000**
-	-	5350,2	1951 – 58	5350,00	1959 – 61	**1.200 - 1.500**

259

259 Teddys Orsi (Weichbären): caramelfarbiger Mohair, Schnauze aus Kurzmohair, offener Mund/Pfoten/Sohlen/Lätzchen aus Filz, braun-schwarze Glasaugen, Arme gegliedert, aufwartende, starre Sitzhaltung, mit Holzwolle gestopft, Druckstimme.

Art.-Nr.	Zeitraum	Art.-Nr.	Zeitraum	Wert in €
4322,1	1952 – 58	4322,00	1959 – 62	**120 - 160**
4335,1	nur 1958	4335,00	1959 – 62	**250 - 300**

260

260 Nimrod Teddy: weißer Mohair, Pfoten/ Sohlen aus Filz, braunschwarze Glasaugen, 5-fach gegliedert, mit Holzwolle gestopft, Druckstimme. Als Jäger bekleidet, orangefarbiges Filzhemd, grüne Filzmütze, Gewehr fehlt.

Art.-Nr.	Zeitraum	Wert in €
5322,2 N	1953 – 54	**800 – 1.200**

261 Teddys Jackie (Jubiläum Teddy „50 Jahre Teddy"): caramelfarbiger Mohair, Schnauze aus Kurzmohair, Pfoten/Sohlen aus Filz, braun-schwarze Glasaugen, 5-fach gegliedert, mit Holzwolle gestopft, ab 25 cm Druckstimme, wurde in 75 cm nur als Schautier angeboten. Selten gibt es Jackie-Teddys mit original Brustmarke. Falls sie noch vorhanden ist, kann dies den Wert erheblich erhöhen.

Art.-Nr.	Zeitraum	Wert in €
5317	1953 – 55	**350 – 400**
5325	1953 – 55	**400 – 600**
5335	1953 – 55	**800 – 1.200**
5375	nur 1953	**2.500 – 3.000**

261

262

263

262 Floppy Pandas (Schlafbären): schwarz-weißer Mohair, Schnauze aus weißem Kurzmohair, offener Mund/Sohlen/Augen aus Filz, weich gestopft, 28 cm Größe, bis Anfang 1960er Jahre Glocke in der rechten Pfote.

Art.-Nr.	Zeitraum	Art.-Nr.	Zeitraum	Wert in €
7317	1954 – 58	7317,00	1959 – 61	**60 – 90**
7328	1953 – 58	7328,00	1959 – 61	**80 – 120**

263 Original Teddybär mit Halsmechanik: caramelfarbiger Mohair, Bauch aus beigefarbigem Mohair, braun-schwarze Glasaugen, Arme/Beine gegliedert, mit Holzwolle gestopft. Halsmechanik: Kopf lässt sich über Schwanzfeder drehen.

Art.-Nr.	Zeitraum	Wert in €
5318 H	nur 1955	**800 – 1.200**
5325 H	nur 1955	**1.000 – 1.400**

264

264 Teddyli: Kopf dunkelbrauner Mohair, Schnauze aus beigefarbigem Samt, braunschwarze Glasaugen, flache Fußsohlen mit Filzunterlage, Baumwollhemd, Latzhose aus Filz, Körper aus Gummi. Bedingt durch die alte Gummiqualität ist der Körper meistens deformiert.

Art.-Nr.	Zeitraum	Wert in €
712	1955 – 57	**400 – 600**

265 Koalas: hellbrauner/weißer Mohair, Nasenrücken aus Filz, 12 cm Größe: Hände/Füße aus Filz, 22 und 35 cm Größe: Hände/Füße aus Mohair, Druckstimme. 35 cm Größe: kleiner, offener Mund aus Filz. Alle mit braun-schwarzen Glasaugen und mit Holzwolle gestopft.

Art.-Nr.	Zeitraum	Art.-Nr.	Zeitraum	Wert in €
4312	1955 – 58	4312,00	1959 – 61	**140 – 180**
5322	1955 – 58	5322,00	1959 – 61	**200 – 250**
5335,2	1955 – 58	5335,00	1959 – 61	**400 – 500**

266 Wolpertinger Teddy: Teddykopf aus caramelfarbigem Mohair, Vogelkörper aus weißem Mohair, Affenarme aus dunkelbraunem Mohair, Hände/Schwanzfedern aus Filz, lackierte Drahtbeine, braun-schwarze Glasaugen, Kopf drehbar, mit Holzwolle gestopft, Zwicker (Brille) aus schwarzem Draht. Kein Katalognachweis. Dieser so genannte Wolpertinger Teddy wurde von Steiff-Mitarbeitern aus Einzelteilen unterschiedlichster Steiff-Tiere von Hand gefertigt und an einen Kollegen verschenkt. Wahrscheinlich als besondere Auszeichnung oder Jubiläumsgeschenk.

Art.-Nr.	Zeitraum	Wert in €
-	Mitte 1950er Jahre	**600 – 800**

267 Breuni Bär: gelber Mohair, Schnauze/Hände/Sohlen aus Filz, schwarze Glasaugen, Arme biegbar, mit Holzwolle gestopft, flache Fußsohlen mit Pappeinlage, Filzkleidung. Werbeartikel für das Kaufhaus Breuninger, Stuttgart.

Art.-Nr.	Zeitraum	Wert in €
714	1956 – 57	**700 – 900**

268 Raccy Waschbär: beigefarbiger Mohair, Schnauze aus Kurzmohair, 10 cm Größe: Hände/Füße aus Filz, 17 cm Größe: Hände/Füße aus Mohair, braun-schwarze Glasaugen, mit Holzwolle gestopft.

Art.-Nr.	Zeitraum	Art.-Nr.	Zeitraum	Wert in €
4310	1957 – 58	4310,00	1959 – 64	**60 – 80**
4317	1957 – 58	4317,00	1960 – 62	**80 – 120**

269 Cosy Orsi: caramelfarbiger Dralon, Schnauze aus Kurzdralon, offener Mund/Sohlen aus Filz, braun-schwarze Glasaugen, Kopf drehbar, mit Schaumgummi gefüllt.

Art.-Nr.	Zeitraum	Art.-Nr.	Zeitraum	Art.-Nr.	Zeitraum	Wert in €
6620	1955 – 58	6620,00	1959 – 67	4840/20	1968 – 78	**60 – 100**

270

270 Cosy Teddy links: weißer Dralon, Brust aus caramelfarbigem Dralon, Schnauze aus Kurzdralon, offener Mund/Pfoten/Sohlen aus Filz, braun-schwarze Glasaugen, 5-fach gegliedert, sehr weich mit Schaumstoff gefüllt.

Art.-Nr.	Zeitraum	Art.-Nr.	Zeitraum	Wert in €
-	-	4764/20	1968 – 75	**80 – 120**
5630,04	1966 – 67	4764/30	1968 – 75	**100 – 140**
5640,04	nur 1967	4764/40	1968 – 75	**200 – 250**

270 Cosy Teddy (Sitzbär) rechts: weißer Dralon, Schnauze aus Kurzdralon, offener Mund/Pfoten/Sohlen aus Filz, schwarz-braune Glasaugen, Arme gegliedert, Kopf drehbar, starre Sitzhaltung, sehr weich mit Schaumstoff gefüllt.

Art.-Nr.	Zeitraum	Art.-Nr.	Zeitraum	Wert in €
5622	1955 – 58	5622,00	1959 – 66	**100 – 140**

Cosy Teddy (o. Abb.): dunkelbrauner Dralon, Brust aus weißem Dralon, Schnauze aus Kurzdralon, offener Mund/Pfoten/Sohlen aus Filz, braun-schwarze Glasaugen, sehr weich mit Schaumstoff gefüllt. Gleiches Modell wie Cosy Teddy Bild 270 links.

Art.-Nr.	Zeitraum	Art.-Nr.	Zeitraum	Wert in €
-	-	4763/20	1968 – 73	**70 – 90**
5630,03	1966 – 67	4763/30	1968 – 73	**80 – 120**
5640,03	nur 1967	4763/40	1968 – 73	**180 – 220**

Cosy Teddy (o. Abb.): caramelfarbiger Dralon, Brust aus weißem Dralon, Schnauze aus Kurzdralon, offener Mund/Pfoten/Sohlen aus Filz, braun-schwarze Glasaugen, 5-fach gegliedert, sehr weich mit Schaumstoff gefüllt. Gleiches Modell wie Cosy Teddy Bild 270 links.

Art.-Nr.	Zeitraum	Art.-Nr.	Zeitraum	Art.-Nr.	Zeitraum	Wert in €
-	-	5620,00	1965 – 67	4762/20	1968 – 76	**60 - 80**
5630	1956 – 58	5630,00	1959 – 67	4762/30	1968 – 76	**70 - 90**
-	-	5640,00	1963 – 67	4762/40	1968 – 76	**140 - 160**

271 Jungbär auf Rädern (ab 35 cm Reit-Jungbär): caramelfarbiger Mohair, Schnauze aus Kurzmohair, braun-schwarze Glasaugen, mit Holzwolle gestopft, 28 cm Größe auf Holzrädern, ab 35 cm gummibereifte Scheibenräder und Verbindungsschienen, ab 1967 Plastikreifen mit Kunststofflager, ab 1968 Schlepplenkung, ab 43 cm Ziehstimme und Haltegriff. 50 und 60 cm ab 1953 mit Lenkung.

Art.-Nr.	Zeitraum	Wert in €
1343,22	1960 – 67	**400 - 500**

271

272

272 Teddy Baby Schautier: 150 cm groß, dunkelbrauner Mohair, Schnauze/Fußrücken aus beigefarbigem Kurzmohair, offener Mund aus Filz, Pfoten/Sohlen aus braunem, wildlederähnlichem Gummimaterial, braun-schwarze Glasaugen, Kopf drehbar, Arme gegliedert, mit Holzwolle gestopft, flache Fußsohlen mit Pappeinlage. Eingearbeitetes, starkes Stahlgerippe, auf Wunsch mit Laschen zum Anschrauben, rotes, mit Filz unterlegtes Lederhalsband mit Nieten und Glocke.

Art.-Nr.	Zeitraum	Wert in €
4150,93	nur 1960	**6.000 – 8.000**
0339/15	nur 1967	**5.000 – 7.000**

273 Bärenmarke-Bär: hellbrauner Wollplüsch, Schnauze/Pfoten/Sohlen aus gelbem Kurzmohair, offener Mund/Zunge aus Filz, schwarze Glasaugen, Kopf drehbar, Arme biegbar, Beine gegliedert, weich/Holzwolle gestopft. Werbeartikel für die Dosenmilch „Bärenmarke".

Art.-Nr.	Zeitraum	Wert in €
7535,90	nur 1960	**500 – 600**

273

274

274 Pertussin Bär: brauner Mohair, schwarze Glasaugen, 5-fach gegliedert, mit Holzwolle gestopft, 10 cm. Mit schwarzer Blechmarke, Aufschrift: Pertussin. Werbeartikel für Pertussin Hustensaft, Firma Fink.

Art.-Nr.	Zeitraum	Wert in €
-	nur 1960	**400 – 600**

275

275 Teddy Zotty: weißer Mohair, Schnauze aus Kurzmohair, Brust aus gelbem Mohair, offener Mund/Pfoten/Sohlen aus Filz, braunschwarze Glasaugen, 5-fach gegliedert, weich gestopft, mit Doppeldruckstimme.

Art.-Nr.	Zeitraum	Wert in €
6328,04	1960 – 61	**450 – 600**
6335,04	1960 – 61	**500 – 700**

276 Floppy Zotty (Schlafbär) links und rechts: caramelfarbiger, gespitzter Mohair, Schnauze aus Kurzmohair, offener Mund/Sohlen/Augen aus Filz, weich gestopft. 28 cm Größe, bis Anfang 1960er Jahre Glocke in der rechten Pfote.

Art.-Nr.	Zeitraum	Art.-Nr.	Zeitraum	Art.-Nr.	Zeitraum	Wert in €
7317	1954 – 58	7317,00	1959 – 67	5500/17	1968 – 69	**30 - 50**
7328	1953 – 58	7328,00	1959 – 67	5500/28	1968 – 69	**40 - 80**

276 Racker Zotty-Bär (Sitz für Kinder) vorne Mitte: caramelfarbiger, gespitzter Mohair, Schnauze/Pfoten aus Kurzmohair, offener Mund aus Filz, braun-schwarze Glasaugen, mit Holzwolle gestopft.

Art.-Nr.	Zeitraum	Wert in €
2345,00	1960 – 61	**300 - 400**

276 Dolan Zotty hinten: caramelfarbiger, gespitzter Dolan, Schnauze aus Kurzmohair, Brust blonder Dolan, offener Mund/Pfoten/Sohlen aus Filz, braun-schwarze Kunststoffaugen, 5-fach gegliedert, mit Holzwolle gestopft, Druckstimme. War nur in Österreich-Katalogen abgebildet.

Art.-Nr.	Zeitraum	Wert in €
0312/28	1970 – 76	**100 - 140**
0312/35	1970 – 76	**140 - 180**
0312/43	1970 – 72	**180 - 220**

276

277 Original Teddy: caramelfarbiger Dralon, Pfoten/Sohlen aus Filz, braun-schwarze Kunststoffaugen, 5-fach gegliedert, weich gestopft, 28 cm ohne Stimme, 35 cm mit Brummstimme. Form des Original Teddys der 1950/60er Jahre, kein Katalogbeleg für Dralon.

Größe	Zeitraum	Wert in €
28 cm	1960er Jahre	**300 – 350**
35 cm	1960er Jahre	**350 – 400**

278 Indische Pandas Pandy: rotbraun-schwarzer Mohair, Schnauze aus maisfarbigem Kurzmohair, Sohlen aus schwarzem Kurzmohair, ab 17 cm Größe an den Füßen je fünf Krallen aus weißem Filz, braun-schwarze Glasaugen, Kopf drehbar, mit Holzwolle gestopft, 25 cm Größe mit Druckstimme.

Art.-Nr.	Zeitraum	Wert in €
1310,00	1963 – 64	**120 – 160**
1317,00	nur 1963	**180 – 220**
1325,00	nur 1963	**300 – 400**

277

278

279

279 Zotty Zolac (Schlenkertier) links: caramelfarbiger, gespitzter Mohair, Schnauze aus Kurzmohair, Brust/Pfoten/Fußrücken aus blondem Langmohair, offener Mund/Sohlen aus Filz, braun-schwarze Kunststoffaugen, 5-fach gegliedert, mit Holzwolle gestopft, Druckstimme.

Art.-Nr.	Zeitraum	Wert in €
7340,00	1964 – 66	**400 – 500**

279 Zooby – Zoo Bär Mitte: brauner Mohair, Schnauze aus Kurzmohair, Fußrücken aus dunkelbraunem Mohair, offener Mund aus Filz, braun-schwarze Glasaugen, Arme gegliedert, Kopf drehbar, mit Holzwolle gestopft, Druckstimme, flache Sohlen aus braunem Kunstleder mit Pappeinlage, an Pfoten und Füßen Krallen aus weißem Filz.

Art.-Nr.	Zeitraum	Wert in €
4328,02	1964 – 66	**300 – 400**

279 Lully Baby Bär rechts: caramelfarbiger Mohair, Schnauze aus Kurzmohair, Brust aus weißem Mohair, Pfoten/Füße aus blondem Mohair, offener Mund aus Filz, braun-schwarze Kunststoffaugen, Kopf drehbar, Körper weich gestopft, Druckstimme.

Art.-Nr.	Zeitraum	Art.-Nr.	Zeitraum	Art.-Nr.	Zeitraum	Wert in €
7322	1955 – 58	7322,00	1961 – 67	0350/22	1968 – 77	**40 – 80**
7330	1955 – 58	7330,00	1961 – 67	0350/30	1968 – 77	**60 – 100**

Anmerkung:
Die Angaben bezüglich der Glas- und Kunststoffaugen beziehen sich immer auf die abgebildeten Exemplare. Die Umstellung von Glas- auf Kunststoffaugen erfolgte bei der Firma Steiff zwischen 1963 und Anfang der 1970er Jahre. So ist es durchaus möglich, dass es einen abgebildeten Teddy, der mit Glasaugen beschrieben ist, auch mit Kunststoffaugen gibt und umgekehrt.

280

280 Original Teddy: honigfarbiger Mohair, Pfoten/Sohlen aus Filz, braun-schwarze Glasaugen, 5-fach gegliedert, mit Holzwolle gestopft, 35 cm mit Druckstimme, 43 cm mit Brummstimme. Form des Original Teddys der 1950/60er Jahre, kein Katalogbeleg für diese Mohairfarbe.

Größe	Zeitraum	Wert in €
35 cm	1950/60er Jahre	**250 – 300**
43 cm	1950/60er Jahre	**350 – 400**

281

281 Original Teddys (Biegebären): Mohair, schwarze Glasaugen, Kopf drehbar, Arme/Beine biegbar, weich/Holzwolle gestopft.

Farbe	Art.-Nr.	Zeitraum	Art.-Nr.	Zeitraum	Wert in €
gold	5311,01	1965 – 66	-	-	**140 – 180**
honig	5311,01	1966 – 67	0201/11	1968 – 90	**40 – 60**
caramel	5311,02	1965 – 67	0202/11	1968 – 90	**40 – 60**
braun	-	-	0206/11	1984 – 90	**30 – 50**
weiß	-	-	0203/11	1983 – 87	**30 – 50**

282

282 Panda Bär (Biegebär): schwarz-weißer Mohair, schwarze Kunststoffaugen, Kopf drehbar, Arme/Beine biegbar, weich/Holzwolle gestopft, Sonderartikel für USA.

Art.-Nr.	Zeitraum	Wert in €
0250/11	1968 – 72	**200 – 250**

283

Anmerkung:
Generell gilt für die Original Teddys/Maskenteddys (Modell 1966 – 90): Die zwei letzten Ziffern der 4-stelligen Artikelnummer besagen für den Zeitraum 1966 – 1967 die Stehgröße in Zentimetern, die Ziffern hinter dem Komma die Farbe des Plüsches: ,01 = honig; ,02 = caramel. Ab 1968 wird das Nummernsystem („sprechende" Artikelnummer) umgestellt. Es kommen Artikelnummern mit Schrägstrich. Die 4-stellige Nummer ist eine neutrale Artikelnummer ohne Aussagekraft bezüglich Beweglichkeit, Plüschart oder Größe. Die zwei Ziffern hinter dem Schrägstrich besagen die Größe des Teddys in Zentimetern.

283 Original Teddys (Maskenbären): Mohair, Gesichtsmaske aus Kurzmohair, Pfoten/Sohlen aus Filz, ab 1970 aus Trevirasamt, bis 1970 vereinzelt Glasaugen, danach Kunststoffaugen, 5-fach gegliedert, bis 1970 mit Holzwolle gestopft, danach weich gestopft, 18 – 26 cm Druckstimme, ab 36 cm Brummstimme.

Farbe	Art.-Nr.	Zeitraum	Art.-Nr.	Zeitraum	Wert in €
honig	-	-	0201/18	1983 – 93	**30 – 50**
caramel	-	-	0202/18	1983 – 93	**30 – 50**
weiß	-	-	0203/18	1983 – 87	**40 – 60**
braun	-	-	0206/18	1984 – 90	**40 – 60**

Farbe	Art.-Nr.	Zeitraum	Art.-Nr.	Zeitraum	Wert in €
honig	5319,01	1966 – 67	0201/19	1968 – 75	**40 – 60**
caramel	5319,02	1966 – 67	0202/19	1968 – 75	**40 – 60**

Farbe	Art.-Nr.	Zeitraum	Art.-Nr.	Zeitraum	Wert in €
honig	5326,01	1966 – 67	0201/26	1968 – 93	**60 – 80**
caramel	5326,02	1966 – 67	0202/26	1968 – 93	**60 – 80**
weiß	-	-	0203/26	1983 – 87	**50 – 70**
braun	-	-	0206/26	1984 – 90	**50 – 70**

Farbe	Art.-Nr.	Zeitraum	Art.-Nr.	Zeitraum	Wert in €
honig	5336,01	1966 – 67	0201/36	1968 – 93	**80 – 100**
caramel	5336,02	1966 – 67	0202/36	1968 – 93	**80 – 100**
weiß	-	-	0203/36	1983 – 87	**80 – 100**
braun	-	-	0206/36	1984 – 90	**80 – 100**

Farbe	Art.-Nr.	Zeitraum	Art.-Nr.	Zeitraum	Wert in €
honig	5341,01	1966 – 67	0201/41	1968 – 93	**100 – 140**
caramel	5341,02	1966 – 67	0202/41	1968 – 92	**100 – 140**
weiß	-	-	0203/41	1983 – 87	**100 – 140**
braun	-	-	0206/41	1984 – 90	**100 – 140**

Farbe	Art.-Nr.	Zeitraum	Art.-Nr.	Zeitraum	Wert in €
honig	5351,01	1966 - 67	0201/51	1968 – 92	**180 – 220**
caramel	5351,02	1966 - 67	0202/51	1968 – 92	**180 – 220**
weiß	-	-	0203/51	1983 – 87	**150 – 180**
braun	-	-	0206/51	1984 – 90	**150 – 180**

Farbe	Art.-Nr.	Zeitraum	Art.-Nr.	Zeitraum	Wert in €
honig	5366,01	1966 – 67	0201/66	1968 – 75	**300 – 350**
caramel	5366,02	1966 – 67	0202/66	1968 – 75	**300 – 350**

Farbe	Art.-Nr.	Zeitraum	Art.-Nr.	Zeitraum	Wert in €
honig	-	-	0201/75	1983 – 89	**350 – 400**
caramel	-	-	0202/75	1983 – 89	**350 – 400**
weiß	-	-	0203/75	1983 – 87	**400 – 500**

Farbe	Art.-Nr.	Zeitraum	Art.-Nr.	Zeitraum	Wert in €
honig	-	-	0201/99	1982 – 88	**500 – 600**
caramel	-	-	0202/99	1983 – 88	**500 – 600**
weiß	-	-	0203/99	1983 – 84	**600 – 700**

284

285

284 Original Teddy: braun gespitzter, pelzartiger Synthetikplüsch, Pfoten/Sohlen aus Filz, braun-schwarze Glasaugen, 5-fach gegliedert, weich gestopft, Druckstimme. Ähnliche Form wie die Original Teddys der 1950/60er Jahre, kein Katalogbeleg.

Größe	Zeitraum	Wert in €
28 cm	Mitte/Ende 1960er Jahre	**300 – 350**

285 Baloo Bär stehend: hellbrauner Dralon, Schnauze/Bauch aus beigefarbigem Dralon, Nase aus Filz, Pfoten/Sohlen aus dunkelbraunem Kunstleder mit Krallen aus weißem Filz, weiß-schwarze Kunststoffaugen, Kopf drehbar, Arme gegliedert, mit Holzwolle gestopft, flache Fußsohlen mit Pappeinlage. Copyr. W. Disney Productions.

Art.-Nr.	Zeitraum	Wert in €
0360/40	1968 – 74	**300 – 400**

285 Baloo Bär sitzend: grau-brauner Webpelz, Schnauze/Bauch aus weißem Webpelz, Nase/Pfoten/Sohlen aus dunkelbraunem Kunstleder, weiße Filzkrallen, weiß-schwarze Schielaugen aus Kunststoff, weich gestopft. Bekannt aus dem Film „Dschungelbuch".

Art.-Nr.	Zeitraum	Wert in €
0380/28	1979 – 81	**250 – 300**

286

287

286 Betthupferlteddy: Kopf/Arme aus hellbraunem Dralon, braun-schwarze Kunststoffaugen, Kopf drehbar, blau-rote Filzkleidung, Hohlkörper zum Verstecken kleiner Geschenke oder Gutenachtbonbons.

Art.-Nr.	Zeitraum	Wert in €
3170/15	1969 – 74	**100 – 140**

287 Original Teddy: caramelfarbiger Mohair, Pfoten/Sohlen aus Trevirasamt, braun-schwarze Kunststoffaugen, 5-fach gegliedert, weich gestopft. Ähnliche Form wie die Original Teddys der 1950/60er Jahre, kein Katalogbeleg.

Größe	Zeitraum	Wert in €
28 cm	Anfang 1970er Jahre	**80 – 120**
35 cm	Anfang 1970er Jahre	**80 – 120**

288

288 Teddy Petsy: Dralon, Sohlen aus beigefarbigem Trevirasamt, braun-schwarze Kunststoffaugen, 5-fach gegliedert, weich gestopft, 38 cm Größe Brummstimme.

Farbe	Art.-Nr.	Zeitraum	Wert in €
gold	0241/24	1970 – 73	**90 – 120**
gold	0241/30	1970 – 73	**100 – 140**
gold	0241/38	1970 – 74	**140 – 180**
hellbeige	0240/24	1970 – 74	**80 – 100**
hellbeige	0240/30	1970 – 74	**90 – 120**
hellbeige	0240/38	1970 – 74	**130 – 160**
caramel	0242/24	1970 – 76	**70 – 90**
caramel	0242/30	1970 – 76	**80 – 100**
caramel	0242/38	1970 – 76	**120 – 150**

289

289 Teddy Minky Zotty: grau gespitzter, pelzartiger Synthetikplüsch, Schnauze aus Kurzmohair, offener Mund/Pfoten/Sohlen aus Filz, braun-schwarze Kunststoffaugen, 5-fach gegliedert, weich gestopft, Druckstimme.

Farbe	Art.-Nr.	Zeitraum	Wert in €
grau gespitzt	0301/28	1969 – 76	**100 - 140**
grau gespitzt	0301/35	1969 – 77	**140 - 180**
braun gespitzt	0302/28	1969 – 76	**100 - 140**
braun gespitzt	0302/35	1969 – 77	**140 - 180**

290

290 Teddy Cosy Panda: schwarzweißer Dralon, Schnauze aus weißem Kurzdralon, offener Mund/Pfoten/Sohlen aus beigefarbigem Trevirasamt, braun-schwarze Kunststoffaugen, 5-fach gegliedert, weich gestopft.

Art.-Nr.	Zeitraum	Wert in €
4780/30	nur 1972	**350 - 400**

291

292

291 Teddy: gelber Mohair, Schnauze aus Kurzmohair, offener Mund / Pfoten / Sohlen aus Filz, braunschwarze Glasaugen, 5-fach gegliedert, weich / Holzwolle gestopft, Brummstimme.

Größe	Zeitraum	Wert in €
50 cm	1960er Jahre	**120 – 160**

292 Teddy: caramelfarbiger Dralon, Schnauze aus Kurzdralon, offener Mund / Pfoten / Sohlen aus Filz, braun-schwarze Kunststoffaugen, 5-fach gegliedert, weich gestopft.

Größe	Zeitraum	Wert in €
25 cm	1960er Jahre	**60 – 80**

293

293 Teddy Muff: gelber Mohair, Pfoten aus Filz, Fußunterseiten aus Leinen, schwarze Schuhknopfaugen, Arme gegliedert, Kopf drehbar, Kopf mit Holzwolle gestopft, Rest weich gestopft, Umhängekordel, Muff-Innenfutter aus ockerfarbigem Bouclé.

Größe	Zeitraum	Wert in €
22 cm	1910er Jahre	**2.500 – 3.000**

294

295

294 Flaschenbär: gelber Wollplüsch, braunschwarze Glasaugen, Kopf weich gestopft. Teddyhülle mit Reißverschluss für Babytrinkfläschchen.

Größe	Zeitraum	Wert in €
30 cm	1950/60er Jahre	**40 – 60**

295 Taschenteddy: caramelfarbiger Mohair, kurz rasierte Schnauze, braun-schwarze Glasaugen, Kopf mit Holzwolle gestopft, Druckstimme liegt unbefestigt in der Tasche. Teddy wurde als Kinderhandtasche mit Kordelgriff im Nacken verkauft. Teddyhülle mit Reißverschluss zur Aufbewahrung von Kleinigkeiten.

Größe	Zeitraum	Wert in €
22 cm	1950/60er Jahre	**80 – 100**

296

296 Peter Bär: silbergrau gespitzter Mohair, der Kopf ist aus geprägter Pappe, Papiermaché und mit Mohair überzogen, offene Schnauze mit modellierten, gemalten Zähnen, Nase aus Pappmaché. Mechanik im Kopf: seitlich bewegliche, weiß-schwarze Glasaugen, bewegliche Zunge. Pfoten/Sohlen aus Filz, Arme/Beine gegliedert, Arme/Beine/Körper mit Holzwolle gestopft, Brummstimme, weißes Brustschild mit Metallrand: „Peter Ges. gesch. 895257".

Größe	Zeitraum	Wert in €
34 cm	1925	**2.500 – 3.000**

297

297 Teddy: weißer Mohair, eingesetzte Schnauze aus Kurzmohair, offener Mund / gestopfte Zunge / Pfoten / Sohlen aus Filz, braun-schwarze Glasaugen, 5-fach gegliedert, mit Holzwolle gestopft, Brummstimme.

Größe	Zeitraum	Wert in €
42 cm	1950er Jahre	**120 – 160**

298

298 Teddy: dunkelbrauner Mohair, Schnauze aus hellbraunem Kurzmohair, Pfoten / Sohlen aus hellbraunem Samt, braun-schwarze Glasaugen, 5-fach gegliedert, mit Holzwolle gestopft, Brummstimme.

Größe	Zeitraum	Wert in €
40 cm	1950/60er Jahre	**80 – 120**

299

299 Teddy der PGH Kinderfreunde Sonneberg: gelber Kunstseidenplüsch, Schnauze aus kurzem Kunstseidenplüsch, Pfoten / Sohlen aus Filz, braun-schwarze Kunststoffaugen, 5-fach gegliedert, mit Holzwolle gestopft, Brummstimme.

Größe	Zeitraum	Wert in €
64 cm	1950/60er Jahre	**100 – 140**

300

300 Teddy: caramelfarbiger Mohair, Schnauze / Pfoten / Sohlen aus Kurzmohair, braun-schwarze Glasaugen, 5-fach gegliedert, mit Holzwolle gestopft, Brummstimme.

Größe	Zeitraum	Wert in €
32 cm	1960/70er Jahre	**80 – 120**

301

302

301 Panda Teddy der PGH Kinderfreunde Sonneberg: schwarz-weißer Kunstseidenplüsch, Ohrinnenseiten / Schnauze aus weißem Kurzdralon, Nase aus schwarzem Kunststoff, schwarze Kunststoffaugen, Arme / Beine durch von außen sichtbare Kunststoffverbindungen beweglich, mit Holzwolle gestopft, Gumminase.

Größe	Zeitraum	Wert in €
25 cm	1960er Jahre	**30 – 50**

302 Teddy: brauner Kunstseidenplüsch, Schnauze Pfoten / Sohlen aus beigefarbigem Kunstseidenplüsch, schwarze Glasaugen, 5-fach gegliedert, mit Holzwolle gestopft, Brummstimme.

Größe	Zeitraum	Wert in €
50 cm	1960er Jahre	**60 – 100**

303

303 Teddy mit Uhrwerk: Teddy besteht aus geprägter Pappe, die mit braun gespitztem Kunstseidenplüsch beklebt ist, Ohrinnenseiten / Schnauze / Pfotenspitzen / Füße aus gelbem, kurzem Wollplüsch, Nase / Fußsohlen aus schwarzem Filz, weiß-schwarze Glasschielaugen, Arme / Beine auf Gummi aufgezogen und beweglich, Uhrwerk zum Aufziehen sorgt für heftiges Kopfnicken des Teddys.

Größe	Zeitraum	Wert in €
30 cm	1960/70er Jahre	**40 – 60**

304

304 Teddy des VEB Sonni: carmelfarbiger Wollplüsch, Schnauze / Pfoten / Sohlen aus kurzem Wollplüsch, braun-schwarze Kunststoffaugen, 5-fach gegliedert, mit Holzwolle gestopft, Brummstimme.

Größe	Zeitraum	Wert in €
35 cm	1960/70er Jahre	**120 – 160**

305

305 Teddy des VEB Gehren: weißer Acrylplüsch, Schnauze / Pfoten / Sohlen aus hellgrauem Kurzmohair, schwarze Kunststoffaugen, 5-fach gegliedert, weich gestopft, Druckstimme.

Größe	Zeitraum	Wert in €
38 cm	1960/70er Jahre	**80 – 120**

306

307

308

306 Teddy: weißer Mohair, Pfoten / Sohlen aus Filz, braun-schwarze Glasaugen, 5-fach gegliedert, mit Holzwolle gestopft, Brummstimme, Beinnaht vorne und hinten.

Größe	Zeitraum	Wert in €
50 cm	Ende 1920er / Anfang 1930er Jahre	**3.000 – 3.500**

307 Teddy: braun gespitzter Mohair, kurz rasierte Schnauze, Pfoten / Sohlen aus Filz, braun-schwarze Glasaugen, 5-fach gegliedert, mit Holzwolle gestopft, Brummstimme, Beinnaht vorne und hinten.

Größe	Zeitraum	Wert in €
45 cm	1920/30er Jahre	**2.000 – 2.500**

308 Teddy: weißer Mohair, Pfoten / Sohlen aus Filz, braun-schwarze Glasaugen, 5-fach gegliedert, mit Holzwolle gestopft, Druckstimme, Beinnaht vorne und hinten.

Größe	Zeitraum	Wert in €
25 cm	1930er Jahre	**800 – 1.200**

309

309 Teddy links: caramelfarbiger Wollplüsch, kurz rasierte Schnauze, Pfoten/Sohlen aus Filz, braunschwarze Glasaugen, 5-fach gegliedert, mit Holzwolle gestopft, Druckstimme, flache Fußsohlen mit Pappeinlage.

309 Teddy rechts: caramelfarbiger Wollplüsch, kurz rasierte Schnauze, Sohlen aus Filz, braun-schwarze Glasaugen, Kopf drehbar, einfache Drahtaufhängung der Arme/Beine, mit Holzwolle gestopft.

	Größe	Zeitraum	Wert in €
links	26 cm	1930er Jahre	**350 – 400**
rechts	15 cm	1930er Jahre	**200 – 250**

310

310 Handspieltier Teddy: caramelfarbiger Wollplüsch, kurz rasierte Schnauze, Pfoten aus Filz, braun-schwarze Glasaugen, Kopf mit Holzwolle gestopft.

Größe	Zeitraum	Wert in €
–	1930er Jahre	**140 – 180**

311

311 Teddy: gelber Mohair, Pfoten/Sohlen aus Filz, braun-schwarze Glasaugen, 5-fach gegliedert, mit Holzwolle gestopft, Brummstimme, Beinnaht vorne und hinten.

Größe	Zeitraum	Wert in €
52 cm	1930er Jahre	**1.200 – 1.600**

312

312 Teddy: gelber Kunstseidenplüsch, Pfoten/Sohlen aus Filz, braun-schwarze Glasaugen, 5-fach gegliedert, mit Holzwolle gestopft, Druckstimme, Beinnaht vorne und hinten.

Größe	Zeitraum	Wert in €
28 cm	Ende 1940er Jahre	**400 – 600**

313

313 Teddy: gelber Mohair, Pfoten / Sohlen aus braunem Wachstuchstoff, braun-schwarze Glasaugen, 5-fach gegliedert, weich gestopft, Brummstimme.

Größe	Zeitraum	Wert in €
50 cm	1939 – 52	**600 – 800**

314

314 Teddy: gelber Mohair, Pfoten/Sohlen aus Samt, braun-schwarze Kunststoffaugen, 5-fach gegliedert, weich/Holzwolle gestopft, Druckstimme.

Größe	Zeitraum	Wert in €
35 cm	1960er Jahre	**100 – 140**

315

315 Teddy Punkinhead: brauner Mohair, Ohrinnenseiten / Körpervorderseite aus beigefarbigem Mohair, Haartolle aus lang gelocktem, weißem Mohair, Schnauze / Füße / Sohlen aus beigefarbigem Samt, Pfoten aus beigefarbigem Filz, weiß-schwarze Glasaugen, 5-fach gegliedert, mit Holzwolle gestopft, original grünes Filzhöschen.

Größe	Zeitraum	Wert in €
26 cm	1949 – 56	**1.000 - 1.200**

316

316 Teddy: gelber Mohair, Pfoten / Sohlen aus Samt, Nase aus schwarzem Filz, braun-schwarze Glasaugen, 5-fach gegliedert, weich / Holzwolle gestopft, Druckstimme.

Größe	Zeitraum	Wert in €
40 cm	1950er Jahre	**200 – 250**

317 Teddy: weißer Mohair, Pfoten/Sohlen aus Leder, braun-schwarze Glasaugen (Farbe abgeblättert), 5-fach gegliedert, mit Holzwolle gestopft, original F.A.D.A.P. Brustschild.

Größe	Zeitraum	Wert in €
11 cm	1950er Jahre	**300 – 400**

318 Teddy Muff: weißer Mohair, braun-schwarze Glasaugen, weich gestopft, Kordel zum Umhängen, Knopf mit dem Schriftzug „F.A.D.A.P." im linken Ohr.

Größe	Zeitraum	Wert in €
25 cm	1930er Jahre	**1.200 – 1.500**

319

319 Teddy: grau gespitzter Mohair, Schnauze aus caramelfarbigem Kurzmohair, Brust aus gelbem Mohair, offener Mund/Pfoten/Sohlen aus Filz, braun-schwarze Glasaugen, 5-fach gegliedert, mit Holzwolle gestopft, Druckstimme, Filzsohlen mit Tatzenbemalung.

Größe	Zeitraum	Wert in €
35 cm	1950/60er Jahre	**200 – 250**

320

321

320 Teddy: gelber Mohair, Pfoten/Sohlen aus Filz, braun-schwarze Glasaugen, 5-fach gegliedert, mit Holzwolle gestopft, Brummstimme, Brustschild aus silberfarbigem Karton mit Metallrand „Berg Made in Austria“.

Größe	Zeitraum	Wert in €
60 cm	Anfang 1950er Jahre	**400 – 500**

321 Bär in Tiroler Nationaltracht: gelber, kurzer Kunstseidenplüsch, Pfoten/Sohlen aus Leinen, braun-schwarze Glasaugen, 5-fach gegliedert, mit Holzwolle gestopft, original Hose und Hut aus Filz.

Größe	Zeitraum	Wert in €
18 cm	Mitte 1950er Jahre	**80 – 100**

322

322 Teddy: gelber Mohair, braun-schwarze Glasaugen, einfache Drahtaufhängung der Arme / Beine, mit Holzwolle gestopft.

Größe	Zeitraum	Wert in €
10 cm	Ende 1950er Jahre	**40 – 60**

323

324

323 Zahnschmerz-Teddy: caramelfarbiger Mohair, Pfoten/Sohlen aus Filz, braun-schwarze Glasaugen, 5-fach gegliedert, mit Holzwolle gestopft, Druckstimme, geschwollene Wange aus Mohair unter dem orangefarbigen Filztuch.

Größe	Zeitraum	Wert in €
25 cm	Ende 1950er bis Ende 1960er Jahre	**120 – 150**

324 Teddy: beigefarbiger Mohair, Pfoten / Sohlen aus Filz, braun-schwarze Glasaugen, 5-fach gegliedert, mit Holzwolle gestopft, Brummstimme.

Größe	Zeitraum	Wert in €
70 cm	1957 – 1970	**300 – 350**

325

325 Teddy: gelber Mohair, Pfoten/Sohlen aus Filz, braun-schwarze Glasaugen, 5-fach gegliedert, mit Holzwolle gestopft, Druckstimme.

Größe	Zeitraum	Wert in €
25 cm	1960/70er Jahre	**70 – 90**

326

327

326 Teddy: weißer, gelockter Mohair, Schnauze aus beigefarbigem Kurzmohair, offener Mund/eingeklebte Zunge/Pfoten/Sohlen aus Filz, braun-schwarze Kunststoffaugen, 5-fach gegliedert, mit Holzwolle gestopft, Brummstimme.

Größe	Zeitraum	Wert in €
40 cm	1960er Jahre	**350 – 400**

327 Teddy: beigefarbiger Mohair, Ohrinnenseiten/Pfotenrücken/Fußrücken aus langem, braun gespitztem Mohair, Pfoten/Sohlen aus Filz, braun-schwarze Kunststoffaugen, 5-fach gegliedert, mit Holzwolle gestopft.

Größe	Zeitraum	Wert in €
25 cm	1960er Jahre	**80 – 120**

328

328 Teddy: extrem lang gelockter, braun gespitzter Mohair (Florlänge 7 cm), Schnauze / Pfoten / Sohlen aus beigefarbigem Kurzmohair, Ohrinnenseiten / Brust aus beigefarbigem Mohair, offener Mund/eingeklebte Zunge aus Filz, braun-schwarze Kunststoffaugen, 5-fach gegliedert, mit Holzwolle gestopft, Brummstimme.

Größe	Zeitraum	Wert in €
60 cm	1960er Jahre	**500 – 600**

329

329 Teddy: brauner Mohair, Schnauze aus beigefarbigem Kurzmohair, Ohrinnenseiten / Brusteinsatz aus beigefarbigem Mohair, offener Mund / eingeklebte Zunge aus Filz, Pfoten / Sohlen aus hellbraunem Kurzdralon, weiß-schwarze Kunststoffaugen, 5-fach gegliedert, mit Holzwolle gestopft, Brummstimme.

Größe	Zeitraum	Wert in €
35 cm	1960/70er Jahre	**120 – 160**

330

330 Teddy: caramelfarbiger, gespitzter Mohair, Ohrinnenseiten / Schnauze / Pfoten / Sohlen aus weißem Kurzmohair, braun-schwarze Kunststoffaugen, 5-fach gegliedert, weich / Holzwolle gestopft.

Größe	Zeitraum	Wert in €
16 cm	1960/70er Jahre	**60 – 80**

331

331 Teddy: braun gespitzter Mohair, Schnauze aus weißem Kurzmohair, Ohrinnenseiten / Brust aus weißem Mohair, offener Mund / Pfoten / Sohlen aus Filz, schwarz lackierte Blechnase, braun-schwarze Glasaugen, 5-fach gegliedert, mit Holzwolle gestopft, Brummstimme.

Größe	Zeitraum	Wert in €
38 cm	1950/60er Jahre	**160 – 200**

332

333

332 Teddy: caramelfarbiger Mohair, Schnauze aus Kurzmohair, offener Mund/Pfoten/Sohlen aus Filz, braun-schwarze Glasaugen, 5-fach gegliedert, mit Holzwolle gestopft, Brummstimme.

Größe	Zeitraum	Wert in €
45 cm	1950/60er Jahre	**250 – 300**

333 Teddy: weißer Wollplüsch, Schnauze aus kurzem Wollplüsch, Pfoten/Sohlen aus Filz, braun-schwarze Glasaugen, 5-fach gegliedert, mit Holzwolle gestopft, Brummstimme.

Größe	Zeitraum	Wert in €
40 cm	1950/60er Jahre	**150 – 200**

334

335

334 Teddy: gelber Mohair, schwarze Kunststoffaugen, einfache Drahtaufhängung der Arme/Beine, mit Holzwolle gestopft.

Größe	Zeitraum	Wert in €
13 cm	1960er Jahre	**60 – 80**

335 Baby Teddy: caramelfarbiger Dralon, Ohrinnenseiten/Schnauze/Füße aus weißem Mohair, offener Mund/Zunge/Pfoten/Sohlen aus Filz, braun-schwarze Glasaugen, Arme biegbar, Beine gegliedert, mit Holzwolle gestopft, Brummstimme, flache Fußsohlen mit Pappeinlage, original Kleidung, Schnuller.

Größe	Zeitraum	Wert in €
30 cm	1960er Jahre	**80 – 120**

336

336 Teddy: gelber Mohair, Pfoten/Sohlen aus Filz, braun-schwarze Glasaugen, 5-fach gegliedert, mit Holzwolle gestopft, Brummstimme.

Größe	Zeitraum	Wert in €
55 cm	1950/60er Jahre	**180 – 220**

337

337 Teddy Muff: brauner Wollplüsch, offener Mund/Pfoten/Sohlen aus Filz, braun-schwarze Glasaugen, weich gestopft, Umhängeband.

Größe	Zeitraum	Wert in €
25 cm	1950er Jahre	**120 – 140**

338

339

338 Teddy: grau gespitzter Mohair, Schnauze aus caramelfarbigem Mohair, offener Mund/Pfoten/Sohlen aus Filz, braun-schwarze Glasaugen, 5-fach gegliedert, mit Holzwolle gestopft, Druckstimme.

Größe	Zeitraum	Wert in €
22 cm	1950/60er Jahre	**60 – 80**

339 Teddy: caramelfarbiger Mohair, Pfoten/Sohlen aus Filz, braun-schwarze Kunststoffaugen, 5-fach gegliedert, mit Holzwolle gestopft, Brummstimme.

Größe	Zeitraum	Wert in €
40 cm	1960er Jahre	**200 – 300**

340

340 Mutzli Teddy links: caramelfarbiger Mohair, Pfoten / Sohlen aus Filz, braun-schwarze Glasaugen, 5-fach gegliedert, mit Holzwolle gestopft, Druckstimme, Markenzeichen roter Mutzli-Knopf mit Metallumrandung im linken Ohr.

Größe	Zeitraum	Wert in €
20 cm	1950er Jahre	**180 – 220**

340 Mutzli Teddy Mitte: weißer Mohair, schwarze Glasaugen, 5-fach gegliedert, mit Holzwolle gestopft.

Größe	Zeitraum	Wert in €
14 cm	1950er Jahre	**100 – 140**

340 Mutzli Teddy rechts: caramelfarbiger Mohair, Pfoten/Sohlen aus Filz, braun-schwarze Glasaugen, 5-fach gegliedert, mit Holzwolle gestopft, Druckstimme.

Größe	Zeitraum	Wert in €
26 cm	1960er Jahre	**100 – 140**

341

341 Mutzli Teddy hinten links: beigefarbiger Mohair, Pfoten/Sohlen aus Filz, braun-schwarze Glasaugen, 5-fach gegliedert, mit Holzwolle gestopft, Druckstimme, Markenzeichen roter Mutzli-Knopf mit Metallumrandung an der Brust.

Größe	Zeitraum	Wert in €
32 cm	1950er Jahre	**160 – 200**

341 Mutzli Teddy hinten Mitte: caramelfarbiger Mohair, Pfoten/Sohlen aus Filz, braun-schwarze Glasaugen, 5-fach gegliedert, mit Holzwolle gestopft, Brummstimme.

Größe	Zeitraum	Wert in €
50cm	1950er Jahre	**250 – 300**

341 Mutzli Teddy hinten rechts: goldgelber Mohair, Pfoten/Sohlen aus Filz, braun-schwarze Glasaugen, 5-fach gegliedert, mit Holzwolle gestopft, Brummstimme, Markenzeichen roter Mutzli-Knopf mit Metallumrandung an der Brust.

Größe	Zeitraum	Wert in €
40 cm	1950er Jahre	**250 – 300**

341 Mutzli Teddy vorne: dunkelbrauner Mohair, Pfoten/Sohlen aus Filz, braun-schwarze Glasaugen, 5-fach gegliedert, mit Holzwolle gestopft, Druckstimme, Markenzeichen roter Mutzli-Knopf mit Metallumrandung an der Brust.

Größe	Zeitraum	Wert in €
32 cm	1950er Jahre	**200 – 250**

342

342 Handspieltier Mutzli Teddy: caramelfarbiger Mohair, Pfoten aus Filz, braun-schwarze Glasaugen, Kopf mit Holzwolle gestopft.

Größe	Zeitraum	Wert in €
–	1955 – 65	**50 – 70**

343 Mutzli Teddy Pärchen: caramelfarbiger Mohair, schwarze Glasaugen, Kopf drehbar, einfache Drahtaufhängung der Arme, mit Holzwolle gestopft, fest angenähte Schuhe aus braunem Filz, original Kleidung.

	Größe	Zeitraum	Wert in €
Mädchen	14 cm	Ende 1950er Jahre	**180 – 220**
Bub	14 cm	Ende 1950er Jahre	**180 – 220**

343

344

345

344 Mutzli Teddybügel: Teddykopf Mohair, braun-schwarze Glas- oder Kunststoffaugen, weich gestopft, Holzbügel und Metallhaken mit Mohair überzogen.

Farbe	Größe	Zeitraum	Wert in €
weiß	33 cm	Ende 1950er Jahre bis 1991	**30 – 50**
caramel	33 cm	Ende 1950er Jahre bis 1991	**20 – 40**
schwarz-weiß	33 cm	Ende 1950er Jahre bis 1991	**50 – 70**
hellblau	33 cm	Ende 1950er Jahre bis 1991	**50 – 70**

345 Teddy Flexy: caramelfarbiger Mohair, Schnauze / Pfotenenden / Fußrücken aus beigefarbigem Mohair, Sohlen aus Leinen, schwarzer Schuhknopf als Nase, braun-schwarze Glasaugen, Kopf drehbar, Arme / Beine biegbar, weich / Holzwolle gestopft, Druckstimme.

Größe	Zeitraum	Wert in €
25 cm	1958 – 68	**60 – 80**

346 Musik Teddy: caramelfarbiger Mohair, Pfoten / Sohlen aus Filz, braunschwarze Glasaugen, Arme / Beine gegliedert, weich / Holzwolle gestopft, Uhrwerk im Bauch. Der Teddykopf dreht sich nach links und rechts, solange das Musikwerk spielt. Der Teddy wurde von M.C.Z. (Mutzli) / Felpa hergestellt, aber nicht komplett gestopft und zugenäht. Der Einbau des Musikwerkes mit mechanischer Funktion des Kopfdrehens, das Zunähen der Stopfnaht und der Verkauf erfolgten ausschließlich über die Firma Reuge. Auf dem Rücken ist ein weißes Stoffschild mit dem Schriftzug „Music Reuge" aufgenäht.

Größe	Zeitraum	Wert in €
32 cm	1960/70er Jahre	**300 – 400**

346

347

347 Musik Baby Bär: caramelfarbiger Mohair, Schnauze / Pfoten / Sohlen aus weißem Mohair, braun-schwarze Kunststoffaugen, weich gestopft, Uhrwerk im Bauch des Baby Bären. Ring mit Ziehschnur zum Aufziehen des Uhrwerks auf dem Kopf. Der Teddy wurde von M.C.Z. (Mutzli) / Felpa hergestellt, aber nicht komplett gestopft und zugenäht. Der Einbau des Musikwerkes, das Zunähen der Stopfnaht und der Verkauf erfolgten ausschließlich über die Firma Reuge. Auf dem Bauch ist ein weißes Stoffschild mit dem Schriftzug „Music Reuge" aufgenäht.

Größe	Zeitraum	Wert in €
15 cm	1960/70er Jahre	**60 – 80**

348

348 Bär: hellbrauner Wollplüsch, Ohrinnenseiten/Schnauze/Ärmchen aus beigefarbigem Wollplüsch, schwarze Kunststoffaugen mit weißem Filz unterlegt, Nasendreieck aus schwarzem Filz, mit Holzwolle gestopft, Druckstimme im Unterteil aus Filz.

Größe	Zeitraum	Wert in €
16 cm	Ende 1960er Jahre bis Mitte 1970er Jahre	**30 – 50**

Für Ihre Notizen

Für Ihre Notizen

Für Ihre Notizen

Sonderhefte

Sonderheft „Tiere"
Hier geht's mal nicht um den Teddy. Vielmehr soll Schnecke, *Möwe*, Ziege, Schwein und Co. der rote Teppich ausgerollt werden. Daneben bietet das Sonderheft eine bunte Palette an Themen rund um die pelzigen Seelentröster, die von einem geschichtlichen Abriss über Arbeitsanleitungen für Stofftiere bis zu Porträts moderner Plüschtierkünstler reicht.

Sonderheft „Bären aus aller Welt"
Ob Nasenbär, Lippenbär, Eisbär, Braunbär, *Schwarzbär*, Koala oder Panda, Sie werden sich in sie verlieben. Das Sonderheft stellt Schnitte und Anleitungen für neun Naturbären vor. Dabei wurden auch Bären ausgewählt, die streng zoologisch nicht zur Familie der Bären gehören. Denn hier zählt was schön ist und Freude beim Nacharbeiten macht.

Bitte einsenden an:
GERT WOHLFARTH GmbH, Verlag Puppen & Spielzeug, Stresemannstraße 20 – 22 · D-47051 Duisburg, oder Fax 0203/30527-820
Wenn es schneller gehen soll: Tel.: 0203/30527-41 **oder** E-Mail: s.schueller@wohlfarth.de

Bestellcoupon

Ja, ich bestelle

☐ Exemplare **Sonderheft „Tiere"** ☐ Exemplare **Sonderheft „Bären aus aller Welt"**

ım Preis von 9,50 € je Exemplar, inkl. Versandkosten (Inland), zzgl. Versandkosten (Ausland).

ame: ______________________________

raße: ______________________ PLZ/Ort: ______________________

nd: ______________________ Datum: __________ Unterschrift: ______________

lefonnr.: ______________________
Rückfragen unbedingt erforderlich)